West · Innovation und Kreativität

Konzept und Beratung der Reihe Beltz Weiterbildung:

Prof. Dr. *Karlheinz A. Geißler*, Schlechinger Weg 13, D-81669 München.
Prof. Dr. *Bernd Weidenmann*, Weidmoosweg 5, D-83626 Valley.

Michael A. West

Innovation und Kreativität

Praktische Wege und Strategien für Unternehmen mit Zukunft

Aus dem Englischen
von Elisabeth Steinweg-Fleckner,
bearbeitet von
Ingeborg Strobel

Beltz Verlag · Weinheim und Basel

Über den Autor:

Michael A. West ist Professor für Arbeits- und Organisationspsychologie an der Universität in Sheffield. Als stellvertretender Direktor des Instituts für Arbeitspsychologie und des ESRC Centre for Organization and Innovation arbeitet er auch eng mit zahlreichen Unternehmen zusammen.

Titel der Originalausgabe: Developing Creativity in Organizations.
First published in 1997 by BPS Books (The British Psychological Society).

Besuchen Sie uns im Internet:
http://www.beltz.de

Gesetzt nach den neuen Rechtschreibregeln
Lektorat: Ingeborg Strobel

Herstellung: Klaus Kaltenberg
Satz: Satz- und Reprotechnik GmbH, Hemsbach
Druck: Druckhaus Beltz, Hemsbach
Umschlaggestaltung: Bernhard Zerwann, Bad Dürkheim
Printed in Germany

ISBN 3-407-36339-7

Inhaltsverzeichnis

Danksagung 8

Kapitel 1 **Entwicklung individueller Kreativität im Unternehmen**

Was ist Kreativität? 11
Was ist Innovation? 13
Was stimuliert Innovation?. 17
Zusammenfassung 20

Kapitel 2 **Vertrauen in die eigene Kreativität**

Selbstvertrauen entwickeln und Kreativität steigern . . . 22
Merkmale kreativer Menschen 27
Motivation und Wahrnehmung 32
Der Einfluss des Arbeitsumfeldes 33
Paradigmen und Kreativität 40
Wann sollte Kreativität eingesetzt werden? 42
Zusammenfassung 46

Kapitel 3 **Zum Innovator werden**

Kreativität entwickeln 48
Techniken zur Förderung von Kreativität bei der Arbeit. 50
Kreative Lösungen »kommen« lassen 57
Zusammenfassung 68

Kapitel 4 **Kreativität und Innovation in Teams**

Ein Team braucht ein Leitbild 71
Mitbestimmung im Team 73
Aufgabenorientierung 75
Förderung von Innovation 77
Förderung von Teamkreativität. 85
Zusammenfassung 98

Kapitel 5 Innovationen in Unternehmen

Innovationen beurteilen, messen, fördern 100
Marktsegment 104
Unternehmenskultur 107
Betriebsklima 112
Unternehmensstruktur 117
Wettbewerbsstrategien 120
Technologien 121
Arbeitsgestaltung 122
Qualität 125
Arbeitgeber-Arbeitnehmer-Beziehungen 131
Chancengleichheit und Vielfalt 132
Forschung und Entwicklung 133
Zusammenfassung 134

Kapitel 6 Steuerung der Innovationsprozesse im Unternehmen

Der Innovationsprozess 136
Innovation und Konflikt 140
Widerstand gegen Veränderungen 142
Strategien zur Einführung von Innovationen 147
Zusammenfassung 164

Kapitel 7 Wegweisende Innovationen

Theorie und Praxis 166
Die Notwendigkeit einer mehrgleisigen Strategie 168
Zielvorgaben und Feedback 170
Frauen im Arbeitsprozess 174
Teamarbeit in Unternehmen 178
Innovationen unterstützen 180
Zusammenfassung 184

Lösungen 185
Literaturverzeichnis 187
Stichwortregister 190
Bildnachweis 192

Widmung

Dieses Buch widme ich meiner Mutter, M. Joyce Owen, von der ich lernte, dass Kreativität und Beharrlichkeit die Wurzeln für Innovation sind.

Danksagung

Mein Dank gilt zahlreichen Personen, mit denen zusammen ich alle Belange von Innovation untersucht habe. Besonders Neil Anderson, David Bunce, James Farr, Lynn Markiewitz, Richard Mindell, Nigel Nicholson und Peter Wallach sind anregende, kreative und produktive Kollegen gewesen, deren Ideen und Unterstützung mein Denken über Kreativität und Innovation beeinflußt haben. Ich danke euch. Mein Dank gilt auch Angela Waddams, die das Manuskript sorgfältig und professionell überarbeitet hat.

Die Buschmänner, die in der Kalahari enorme Entfernungen zu Fuß bewältigen, glauben nicht, dass die Seele in einer anderen Welt weiterleben wird. »Wenn wir sterben, sterben wir«, sagen sie. »Der Wind verweht unsere Fußspuren, und das ist unser Ende.«

(Nach Bruce Chatwin, *The Songlines*)

Kapitel 1

Entwicklung individueller Kreativität im Unternehmen

»Wir können nicht auf große Visionen von bedeutenden Menschen warten, denn es gibt nicht viele davon. … Es ist an uns, unsere eigenen kleinen Lichter in der Dunkelheit anzuzünden.«
Nach Charles Handy

Oft haben Arbeitnehmer Ideen, wie sie ihre Arbeitsplätze, ihre Aufgaben, Arbeitsprozesse, Produkte oder Dienstleistungen verbessern können. Ihre Kollegen und Vorgesetzten können diese Kreativität erheblich beeinflussen – durch Ermutigung oder Behinderung. Tatsächlich schaffen Unternehmen eine Einstellung oder Atmosphäre, in der Kreativität entweder gefördert wird und sich zur Innovation weiterentwickeln kann – oder in der sie nicht die notwendige Unterstützung erhält.

Dieses Buch zeigt, wie man in Arbeitsorganisationen Kreativität und Innovation entwickeln kann. Wir beginnen mit dem einzelnen Mitarbeiter, gehen dann zu der Arbeit von Gruppen oder Teams über und beschreiben schließlich Innovationen auf Unternehmensebene. Ziel dieses Buches ist, dass Menschen an ihrem Arbeitsplatz Hilfe erhalten, ihre Fähigkeiten zu entwickeln, damit sie für sich eine Arbeitsumgebung schaffen können, die ihre kreative Energie sowie die ihrer Kollegen freisetzt und lenkt.

In diesem Kapitel untersuchen wir zunächst, was mit Kreativität und Innovation gemeint ist und wo die Unterschiede zwischen beiden liegen. Dann begutachten wir zwei Fallstudien von Unternehmen und hinterfragen, ob Innovation einfach nur ein neuer Management-Spleen und Kreativität lediglich das schmückende Beiwerk ist. Als Einleitung einer gründlichen Erörterung dieser Themen beschäftigen wir uns zuletzt mit der Frage, durch welche Faktoren Innovation in Unternehmen gefördert werden kann.

Was ist Kreativität?

Unter Kreativität verstehen wir das Zusammenfügen von Kenntnissen aus unterschiedlichen Erfahrungsgebieten, um neue, bessere Ideen hervorzubringen. Kreativität ist *nicht* auf einige wenige Auserwählte beschränkt – wie Künstler, Komponisten und wissenschaftliche Genies. Sie ist ein fundamentaler Teil des menschlichen Daseins. Jeder von uns ist von Natur aus kreativ und geht an Probleme immer wieder anders heran, während er seinen alltäglichen Aufgaben nachgeht. Kleine Kinder beweisen dies mit ihrer grenzenlosen Fantasie. Kreativität bringt uns dazu, ständig neue und bessere Wege zu finden, um Aufgaben zu erledigen. Sie bedeutet, bewährte und gewohnte Einstellungen in Frage zu stellen und mit dem Konflikt und der Veränderung fertig zu werden, die dadurch zwangsläufig entstehen. Kreativität heißt auch, zu entdecken, wie unsere verschiedenen Wissens- und Erfahrungsgebiete miteinander verbunden sind.

Eine stärker wissenschaftliche Definition besagt, dass *»Kreativität ein kontextspezifisches, subjektives Urteil über die Neuartigkeit und den Wert des Ergebnisses ist, das aus dem Verhalten eines Einzelnen oder einer Gruppe resultiert«* (Ford 1995). Fords Definition impliziert, dass die Bestimmung dessen, was kreativ ist, von dem Kontext abhängt, in dem eine Idee, ein Fertigungsverfahren, ein Produkt oder ein Vorgehen eingebracht werden. Wenn also das Anliegen der Leser dieses Buches Kreativität in Unternehmen ist, dann müssen kreative Ideen im betrieblichen Zusammenhang beurteilt werden. Wenn das Anliegen Kunst oder Musik ist, dann sollten kreative Ideen am besten von Experten auf diesen Gebieten bewertet werden.

Ford vertritt zudem die Ansicht, dass Kreativität ein *subjektives* Urteil über Neuartigkeit und Wert ist – es handelt sich nicht um etwas, das objektiv bestimmt werden kann, wie beispielsweise Größe oder Gewicht. Dementsprechend argumentiert Ford, dass wir Kreativität anhand der Kriterien bestimmen sollten, die von Menschen entwickelt werden, die mit einem bestimmten betrieblichen Kontext oder einem Beruf vertraut sind. Weiterhin sollten wir Kreativität auch danach bestimmen, in welchem Maß diese Experten darin übereinstimmen: eine bestimmte Idee sei neu und auch potenziell brauchbar. Schließlich führt er aus, dass Kreativität sich auf das *Ergebnis* bezieht, das von einem Einzelnen, einer Gruppe oder einem Unternehmen erzielt wurde. Dieser letzte Punkt bestätigt nur, dass Kreativität nicht etwas ist, das *in* Einzelnen ist, sondern etwas, das daran gemessen wird, inwiefern Ideen, die sie entwickeln, oder Prozesse, die diese in Gang setzen und die von allen zu beobachten sind, sich sichtbar niederschlagen.

Im nächsten Kapitel werden wir untersuchen, welche kognitiven Prozesse, persönlichen Merkmale und Arbeitsumfelder mit der Förderung von Kreativität zusammenhängen. Zunächst aber betrachten wir den damit verwandten Begriff *Innovation*.

Was ist Innovation?

Wenn Kreativität die Entwicklung neuer Ideen ist, so ist Innovation die tatsächliche Umsetzung dieser Ideen in die Praxis. Die vielleicht größte Herausforderung für kreative Menschen ist, andere dazu zu bringen, dass sie ihre Ideen akzeptieren, und diese dann auch erfolgreich am Arbeitsplatz umsetzen.

Innovationen sichern die Zukunft

Es ist daher nicht überraschend, dass das Thema Innovation ein enormes Interesse gewonnen hat und seit vielen Jahren in verschiedenen Fachrichtungen zu diesem Thema geforscht wird. Überall in der Industrie wird vonseiten der Regierung, von Unternehmern und Wirtschaftsfunktionären auf das Thema Innovation großes Gewicht gelegt. Der zunehmend härtere Wettbewerb auf den globalen Märkten erfordert es, dass Unternehmen innovativ sind und sich den Veränderungen anpassen, wenn sie überleben und erfolgreich in ihrem Bereich konkurrieren wollen. Deshalb investieren Regierungen zur Zeit große Summen, um Innovationen in Unternehmen zu fördern.

Innovation ist die Einführung neuer und besserer Arbeitsweisen. Dies ist die einfachste Definition. Eine mehr psychologische Definition von Innovation lautet, dass sie *im Rahmen einer Tätigkeit, eines Arbeitsteams oder eines Unternehmens die gezielte Einführung und Anwendung von Ideen, Arbeitsprozessen, Produkten oder Vorgängen ist, die neu für diese Tätigkeit, dieses Arbeitsteam oder Unternehmen sind und die der Tätigkeit, dem Arbeitsteam oder dem Unternehmen zugute kommen sollen.*

Innovation wird hier eingeschränkt auf die *bewussten* Versuche, Vorteile durch neue Veränderungen zu schaffen. Dies kann wirtschaftliche Vorteile betreffen, aber auch persönliche Entfaltung, größere Zufriedenheit, verbesserten Gruppenzusammenhalt, bessere Kommunikation innerhalb des Betriebes. Innovationen können technische Neuerungen, zum Beispiel neue Produkte, einbeziehen, aber auch neue Produktionsprozesse, die Einführung moderner Fertigungstechnik oder neuer Informationstechnologien innerhalb eines Unternehmens. Innovationen können sich ebenso in administrativen Veränderungen niederschlagen. Neue Strategien des Personalmanagements, neue Organisationsformen oder die Einführung von Teamwork sind Beispiele administrativer Innovationen in Unternehmen.

Innovation impliziert aber nicht, dass etwas völlig neu ist. Eine Veränderung kann als Innovation angesehen werden, wenn sie für die Person, die Gruppe oder die Organisation, die sie einführen, neu ist. Wenn innerhalb einer Regierungsabteilung Teamwork eingeführt wird, so muss man dies als Innovation betrachten, falls das in dieser Abteilung etwas Neues ist, unabhängig davon, ob Teamwork schon in anderen Abteilungen eingeführt ist.

Manche Innovationen sind ungeplant und kommen rein zufällig zustande. Kürzlich zwang eine Trockenperiode in England viele Firmen, Methoden zu finden, um Wasservorräte zu schonen. Diese Methoden wurden beibehalten, obwohl die Trockenheit zurückging. Viele Innovationen jedoch werden geplant und entsprechend durchgeführt. Sie erfordern vonseiten eines Unternehmens sehr viel Aufmerksamkeit und Energie, damit eine effektive Umsetzung auch gewährleistet ist.

Wir verstehen in diesem Buch Kreativität als die Entwicklung von Ideen für neue und verbesserte Arbeitsmethoden und Innovation als die Umsetzung dieser Ideen.

Fallstudie: Die Energie innovativer Unternehmen

Im Rahmen eines größeren Forschungsprojektes, das sich mit dem Erfolg von Unternehmen befasste, besuchte ich eine Firma, die Drähte und Kabel herstellt. Ich verbrachte den Tag damit, die leitenden Manager zu interviewen und mir die Fertigungsanlage anzuschauen, um dabei etwas über die Arbeitsvorgänge zu erfahren. Diese Firma ist auf einem Markt tätig, auf dem ein starker Wettbewerb herrscht, dennoch wächst ihr Marktanteil. Nachdem ich neun Stunden lang Gespräche geführt hatte und die Firma verließ, war ich erschöpft und gleichzeitig irgendwie in Sorge, ich hätte zu wenig Informationen gesammelt.

Am nächsten Tag besuchte ich eine andere Firma, die PVC-Fenster herstellt. Ich sprach auch hier wieder mit der Geschäftsleitung und schaute mir eine Zeit lang den Produktionsprozess an. Auch diese Firma hat einen wachsenden Marktanteil, obwohl die Konkurrenz ebenfalls stark ist. Nach vier Stunden recht entspannter Gespräche mit der Geschäftsführung und einer Runde durch den Betrieb ging ich mit dem Gefühl, dass ich alle Informationen bekommen hatte, die ich brauchte. Ich hatte aber gleichzeitig das Gefühl, dass diese zweite Firma – der Fensterhersteller – in zehn Jahren höchstwahrscheinlich nicht mehr im Geschäft sein würde – ganz anders als die erste Firma. Der Grund dafür liegt darin, dass die Draht- und Kabelfirma in nahezu jedem Bereich ihres Betriebes Innovationen vornimmt, während der Fensterproduzent nur dann Änderungen entwickelt, wenn ein Konkurrent beispielsweise neue Fensterbeschläge oder ein neues Design entwickelt, das seine Marktposition bedrohen könnte.

Der Grund für den unterschiedlichen Zeitaufwand der Gespräche bei den beiden Firmen war folgender:

- Die Draht- und Kabelfirma war ganz damit beschäftigt, neue Arbeitsformen zu entwickeln. Die Betriebsleitung und die Betriebsangehörigen waren davon so begeistert, dass sie dies unbedingt erzählen wollten. So musste ich ungeheuer viele Informationen verarbeiten.
- Die Situation in der PVC-Fensterfirma war entgegengesetzt: Im Betriebsbereich hatte man die Arbeitsplätze neu eingestuft. Jeder arbeitete in einem genauen Arbeitszyklus von zwei Minuten und dreißig Sekunden. In der Firma gab es wenig oder gar keine Strategien für Weiterbildung, Personalmanagement, Qualitätskontrolle, Kommuni-

kation oder Teamwork. Als Folge davon konnte ich mich nur bei der Geschäftsleitung ausreichend über die Firma informieren. Dennoch arbeitet diese Firma leistungsfähig und finanziell erfolgreich. Das Problem dieser Firma besteht jedoch darin, dass ihre sehr effizienten Produktionsprozesse ohne weiteres von anderen Unternehmen übernommen werden können. Deutlich zeigt das ihre eigene Strategie, Innovationen nur als Reaktion auf neue Ideen der Konkurrenz einzuführen.

Innovation und Erfolg

Innovation und Erfolg hängen eng zusammen

Führt Innovation zu größerem wirtschaftlichen Erfolg? Untersuchungen von Wirtschaftswissenschaftlern beweisen eindeutig, dass eine positive Beziehung besteht zwischen der Innovation eines Unternehmens und seinem finanziellen Erfolg. Die meisten Kommentatoren vertreten mittlerweile sogar die Meinung, dass Unternehmen innovative Strategien entwickeln müssen, wenn sie auf einem Sektor wettbewerbsfähig bleiben wollen. Die Forschung zeigt, dass bei vielen Firmen das Ausmaß an Innovation trotzdem gering ist: Die meisten Innovationen haben einen bescheidenen Umfang, wenig Auswirkung auf das Geschäft, und oft findet man erheblichen Widerstand gegen Veränderungen (Pillinger/West 1995).

Ein Beispiel: Die in der Fallstudie beschriebene PVC-Fensterfirma konnte nur eine einzige bedeutende Innovation in den vergangenen zwei Jahren vorweisen, nämlich, dass der Direktor einem Programm zur Weiterbildung von Führungskräften zugestimmt hatte. Allerdings war es noch nicht in die Tat umgesetzt worden.

Was stimuliert Innovation?

Ein Innovationen anregender Faktor ist die **Herausforderung im Umfeld des Unternehmens**. Zum Beispiel ist die Wahrscheinlichkeit größer, dass Fertigungsunternehmen mit einem niedrigen Marktanteil Innovationen einführen. Dies war der Fall sowohl bei der Fenster- als auch bei der Draht- und Kabelfirma, obwohl sich der Innovationsstil sehr voneinander unterschied. Für die Fensterfirma ist Innovation eine reaktive, »automatische« Strategie. Wenn Konkurrenten mit etwas Neuem aufwarten, wird dies einfach kopiert. In der Draht- und Kabelfirma gehört Innovation zur Organisationsstruktur. Neue, weiterentwickelte Produkte und Verfahren kommen in allen Bereichen zum Zuge. Aber für beide Unternehmen gilt, dass Innovation oft eine Reaktion auf Herausforderungen in ihrem Umfeld ist. Äußerer Druck ist hier sicher ein Ansporn zu Innovationen.

Innovative Unternehmen legen großen Wert auf **Qualität**, aber Qualitätskontrollen finden nicht nur am Ende der Produktion oder des Abfertigungsprozesses statt. In der Draht- und Kabelfirma wird in allen Bereichen deutlich, wie wichtig Qualität ist. Alle Arbeitnehmer erhalten regelmäßig Informationen über ihre Arbeit. Außerdem sind diese Informationen für alle zugänglich.

Bei Unternehmen, die **effektive Teamarbeit** eingeführt und entwickelt haben, wächst die Wahrscheinlichkeit, dass sie Neuerungen einführen. In der Draht- und Kabelfirma arbeiten 100 Prozent der Arbeitnehmer in einem oder mehreren Teams. Diese bilden echte Teams mit klaren gemeinsamen Zielen und regelmäßigen Treffen. Alle Mitarbeiter erhalten jedes Jahr mindestens eine einwöchige Weiterbildung über Teamarbeit. Überall im Unternehmen existieren Gruppen, die verschiedenen Aufgaben gleichzeitig nachgehen, sozusagen »Mehrzweck-Teams«, sowie Teams, deren alleiniges Ziel die Weiterentwicklung von Projekten ist. Was sicher am wichtigsten ist: Diese Teams arbeiten sehr engagiert, diskutieren intensiv und stellen Standpunkte der Unternehmensführung in Frage.

Kommunikation und Koordination zwischen den Abteilungen sind weitere wichtige Faktoren für Innovation. Sie werden durch Maßnahmen ermöglicht, die sorgfältig darauf abgestimmt wurden, effektives gemeinsames Arbeiten zu gewährleisten. In der Draht- und Kabelfirma werden die unvermeidlichen Konflikte zwischen den Abteilungen innerhalb der »Mehrzweck-Teams« offen und engagiert ausgetragen.

Die **Kommunikation in Unternehmen** hat entscheidenden Einfluss auf Innovationen. In der Draht- und Kabelfirma wird sehr großes Gewicht darauf gelegt. Regelmäßig erscheint eine Firmenzeitung, es gibt wöchentliche Teambesprechungen, und alle Teams sorgen für den Austausch von Informationen und Meinungen untereinander.

Damit Mitarbeiter Ideen für neue und bessere Arbeitsmethoden entwickeln und umsetzen können, ist die **Unterstützung durch die Firmenleitung** entscheidend. In der Draht- und Kabelfirma wird Innovation gefördert, aus welcher Richtung die Ideen auch kommen mögen. In der Firma wurde eigens ein Team gebildet, das sich darauf konzentriert, Kreativität und Innovation zu fördern. Dieses Team hat einen radikalen Plan zur Umstrukturierung der Geschäftsabläufe (Business Reengineering) entworfen, um die Durchlaufzeit für ein Produkt (vom Zeitpunkt der Auftragsannahme für ein Produkt bis zum Versand an den Kunden) um ein Viertel zu kürzen. Aber Innovationen in dieser Firma sind nicht immer so groß angelegt. In einer Abteilung des Betriebes befinden sich beispielsweise auf den Maschinen Bürstenköpfe, die aussehen wie nach oben gerichtete Schnurrbärte. Wir erfuhren, dass einer der Maschinenführer die Idee hatte, mehrere nasse Kabel könnten so problemlos über die Bürstenköpfe laufen und dabei getrocknet werden. Das System funktioniert perfekt und erspart der Firma teure High-Tech-Lösungen.

Am innovativsten sind die Unternehmen, in denen **grundsätzliche Überzeugungen in Frage gestellt** werden dürfen. Hier hinterfragt man in den Teams – aber auch teamübergreifend – Ziele, Strategien und Vorgehensweisen. Man reflektiert, diskutiert, es gibt konstruktive Konflikte und offene Meinungsverschiedenheiten, die als hilfreich und nicht negativ verstanden werden. So wird sichergestellt, dass Innovation nicht zum Selbstzweck wird, sondern ein Mittel bleibt, Produkte, Fertigungsverfahren und Abläufe weiterzuentwickeln.

Beteiligung der Mitarbeiter und **Mitbestimmung** sind kennzeichnend für die innovativsten Unternehmen. Ein weiterer Unterschied zwischen den in der Fallstudie beschriebenen Firmen war, dass in der Fensterfirma der Manager, der mich bei der Betriebsbesichtigung herumführte, nur gelegentlich mit einem der Maschinenführer sprach und niemanden mit Vornamen anredete. In der Draht- und Kabelfirma dagegen gab es häufiger solche Interaktionen. Aber ich bemerkte, dass es – was ganz ungewöhnlich ist – oft die Arbeiter waren, die Gespräche mit den Managern über Produktionsprozesse, Probleme und Erfolge anfingen – und die Gesprächspartner redeten sich immer mit Vornamen an. Das Bewusstsein von Mitbestimmung und gegenseitigem Respekt war spürbar.

Durch die Fallstudie zu den beiden Unternehmen (s. Seite 15f.) werden vier Themen deutlich:

- *Erstens*: Kreativität und Innovation sind nicht einfach »Beiwerk«. Innovation und Kreativität müssen zentrale Elemente einer konsequenten Unternehmensstrategie sein. Unternehmen müssen hart und gezielt daran arbeiten, die Bedingungen dafür zu schaffen, dass Innovation gedeihen kann. Dies geschieht durch die Unterstützung von Teamarbeit, die Betonung von Qualität und die Förderung klarer, offener Kommunikation auf allen Ebenen. Es kann lange dauern, bis dieses Ziel erreicht ist, und eine konsequente und kluge Strategie ist nötig, um Veränderungen zu bewirken.
- *Zweitens*: Innovation erzeugt Konflikte, da sie eine Änderung des Status quo erfordert. Aber »gesunde« Konflikte bewirken Innovation und Veränderung.
- *Drittens*: Innovation ist begrenzt, wenn sie nur als reaktive Strategie gebraucht wird – wie es bei der Fensterfirma der Fall ist. Zu viele Unternehmen versuchen, auf diese Weise »Aufholjagd« zu betreiben, oder verlassen sich darauf, dass es ausreicht, kurzfristig auf die Aktivitäten der Konkurrenz zu reagieren. Um wettbewerbsfähig zu bleiben, müssen Unternehmen jedoch über langfristige Strategien verfügen, wie sie in jedem Bereich ihres Betriebes neue und bessere Arbeitsmethoden entwickeln können. Dies bedeutet, dass man nicht deshalb Änderungen einführt, weil man überleben, sondern weil man erfolgreich sein will.
- *Viertens*: Die Basis der Innovation in Organisationen ist die individuelle Kreativität. Es sind die einzelnen Leute, die Ideen entwickeln und trotz des unvermeidlichen Widerstandes vonseiten ihrer Kollegen den Mut haben, diese Ideen vorzubringen und in die Tat umzusetzen.

Zusammenfassung

Diese vier Themen bestimmen den Aufbau dieses Buches:

- Die Bedeutung individueller Kreativität,
- die Innovationsstrategien,
- die Erkenntnis, dass Innovation die Folge konstruktiven Konfliktes ist sowie
- die Bedeutung einer aktiven Einstellung zu Innovationen.

Kreativität und Innovation in Unternehmen zu entwickeln heißt, eine aktive und gezielte Strategie einzusetzen sowie Zeit und Energie zu investieren. Es bedeutet auch, die Kreativität der Mitarbeiter zu gewinnen, zu entwickeln und zu stärken. Ebenso müssen konstruktive Konflikte und Meinungsvielfalt in modernen komplexen Organisationen gefördert werden, damit sich die bunte Mischung von Perspektiven entwickeln kann, deren Folge kreative Ideen und Innovation sind. Vor allem ist es nötig, dass Einzelne, Gruppen und Organisationen als Ganzes sich darauf einstellen, zu experimentieren, Risiken auf sich zu nehmen, Herausforderungen zu schaffen und ihnen zu begegnen – und persönliches Wachstum und Kreativität zu fördern.

In den folgenden Kapiteln werden wir uns einige Aspekte von Kreativität und Innovation näher anschauen:

- Vertrauen in die eigene Kreativität und Entwickeln der individuellen Kreativität am Arbeitsplatz.
- Umsetzung individueller Kreativität und Innovation am Arbeitsplatz in die Praxis.
- Kreativität und Innovation in Teams.
- Innovation in Unternehmen.
- Steuern des Innovationsprozesses in Unternehmen.
- Eine Strategie für Innovationen in Unternehmen.

Kapitel 2

Vertrauen in die eigene Kreativität

»Vielleicht sind wir erst dann bei unserer eigentlichen Arbeit angekommen, wenn wir nicht mehr wissen, was wir tun sollen; und wir haben dann unsere eigentliche Reise begonnen, wenn wir nicht mehr wissen, welchen Weg wir gehen sollen.«
Nach Wendell Barry

Selbstvertrauen entwickeln und Kreativität steigern

Die Entwicklung von Kreativität und Innovation bei der Arbeit beginnt mit der Entfaltung der Kreativität der einzelnen Mitarbeiter. Neue Ideen erwachsen aus der Motivation, dem Denken und Experimentieren von Menschen an ihren Arbeitsplätzen. In diesem Kapitel werden wir auf folgende Punkte näher eingehen:

- wie man Vertrauen in die eigene Kreativität entwickelt;
- wie man Fähigkeiten und Eigenschaften entwickelt, die kreative Menschen auszeichnen;
- welches Arbeitsumfeld die individuelle Kreativität fördert;
- wie man Kreativität einübt;
- wann man kreative Fähigkeiten einsetzt.

Kürzlich arbeitete ich an der Universität von Queensland in Australien mit 120 MBA Studenten (Masters of Business Administration), die alle bereits einen akademischen Abschluss in Betriebswirtschaft hatten. Wir untersuchten die Art und Weise des Querdenkens sowie die eigenen kreativen Fähigkeiten der Studenten. Diese Gruppe repräsentierte einen Teil der Elite der akademischen Organisationen und Unternehmen in Queensland. Die Teilnehmer waren zwischen 20 und 40 Jahre alt. Sie waren zu diesem Studiengang zugelassen worden, weil sie bereits sehr gute Universitätsabschlüsse erzielt hatten. Die meisten hatten eine angesehene Stellung in einer führenden Organisation erreicht und waren sehr daran interessiert, ihre theoretischen und praktischen Fähigkeiten in Unternehmensführung weiterzuentwickeln.

Die Studenten sollten ihre Kreativität mit Hilfe einer Skala einschätzen, die von 1 »überhaupt nicht kreativ« bis 10 »höchst kreativ« reichte. Wenn man die Fähigkeiten dieser Leute bedenkt, würde man wohl erwarten, dass die durchschnittliche Einschätzung bei 8 bis 9 liegen würde; vereinzelt würde auch die 10 auftauchen, niedrigere Punktzahlen kämen kaum vor.

Tatsächlich schätzten sich diese Personen oft als mäßig kreativ oder als ziemlich unkreativ, meistens als durchschnittlich ein. Einige wenige erreichten die 8 oder 9, die meisten bewerteten sich mit 5, 6 oder 7. (Übrigens erlebte ich dies bisher in jeder Gruppe, mit der ich arbeitete.) – Dies ist eindeutig eine falsche Selbsteinschätzung, da man davon ausgehen kann, dass diese Personen ausgesprochen kreativ waren und hinsichtlich kreativer Problemidentifizierung und Problemlösung viel beitragen konnten. Das Vertrauen des Einzelnen in seine eigenen kreativen Fähigkeiten oder das Gefühl für das eigene Können ist ein, wenn nicht sogar der entscheidende Faktor für individuelle Kreativität bei der Arbeit.

Vertrauen in die eigene Kreativität ist ein wichtiger Faktor

Wenn wir kein Vertrauen in unsere Fähigkeiten haben, werden Herausforderungen zu Bedrohungen. Wir wehren uns gegen Veränderungen oder vermeiden sie, anstatt sie zu bejahen. Geringes Selbstvertrauen hemmt Kreativität.

> »Selbstvertrauen ist die erste Voraussetzung für große Vorhaben«
>
> Samuel Johnson

Wir haben die Fähigkeit, uns auf immer neue Weise an unsere Umwelt anzupassen und sie zu verändern. Obwohl Menschen nicht alle gleichermaßen kreativ sind, ist es doch eine Tatsache, dass jeder von uns höchst kreativ sein kann. Um diese Kreativität bei der Arbeit einsetzen zu können, müssen wir über unsere Kreativität »verfügen«. Wir müssen die Bereiche unseres Lebens erkennen, in denen wir kreativ sind. Vor allem müssen wir Vertrauen in unsere kreativen Fähigkeiten haben. Dieses Vertrauen wird oft erschwert oder gelähmt durch Erfahrungen, die wir in einem Bildungssystem gemacht haben, das zu Unrecht Kreativität abwertet, weil es systemkonformes oder eindimensionales Denken bevorzugt.

Übung 1 beschreibt Einstellungen und Verhaltensweisen, die das Vertrauen in die eigene Kreativität stärken können. Sie gibt Ihnen die Möglichkeit festzustellen, wie oft Sie kreativ an Aufgaben herangehen. Anschließend können Sie überlegen, wie Sie diese Haltung einüben können, um Zutrauen zu Ihrer Kreativität aufzubauen.

Übung 2 zeigt Ihnen, wie Sie sich des Umfangs und der Intensität Ihres kreativen Ausdrucks im alltäglichen Leben bewusst werden können.

Übung 1: Vertrauen in die eigene Kreativität

Die nachfolgend aufgeführten inneren Haltungen und Verhaltensweisen können dazu beitragen, Selbstvertrauen zu entwickeln und Kreativität zu steigern. Gehen Sie die Liste sorgfältig durch und kreuzen Sie an, wie oft Sie auf diese Weise vorgehen:

	Fast nie	Selten	Recht oft	Sehr oft	Immer
1. Probleme locker angehen.	1	2	3	4	5
2. Eine Antwort zur *anderen* führen lassen.	1	2	3	4	5
3. Sich vom Üblichen lösen.	1	2	3	4	5
4. Die eigenen Ideen nicht gleich bewerten.	1	2	3	4	5
5. Sich verschiedene Lösungen ausdenken.	1	2	3	4	5
6. Sich Zeit lassen, um über Probleme nachzudenken.	1	2	3	4	5
7. Dem eigenen Verstand vertrauen.	1	2	3	4	5
8. Die eigenen Stärken und Fähigkeiten prüfen.	1	2	3	4	5
9. Nicht negativ über sich selbst denken (zum Beispiel »Ich kann das nicht«).	1	2	3	4	5
10. Sich selbst Freiräume geben, um Ideen zu entwickeln.	1	2	3	4	5
11. Pausen machen, spazieren gehen und frische Luft tanken.	1	2	3	4	5
12. Versuchen, in einer angenehmen Umgebung neue Ideen zu finden.	1	2	3	4	5
13. Sich Störungen fern halten.	1	2	3	4	5

	Fast nie	Selten	Recht oft	Sehr oft	Immer
14. Humor einsetzen, um Blockaden zu lösen und Ideen zu entwickeln.	1	2	3	4	5
15. Informationen sammeln, um so an Sicherheit zu gewinnen.	1	2	3	4	5
16. Aufgaben in überschaubare Abschnitte aufgliedern.	1	2	3	4	5
17. Möglichst nicht mit negativ eingestellten Menschen zusammenarbeiten, während man sich in der Phase der Ideenfindung befindet.	1	2	3	4	5
18. Sich selbst für kreativ halten.	1	2	3	4	5
19. Stärken, Fähigkeiten und Kreativität aus anderen Lebensbereichen einsetzen.	1	2	3	4	5
20. Herausforderung als Vergnügen, nicht als Bedrohung sehen.	1	2	3	4	5
21. Praktische Dinge außer Acht lassen.	1	2	3	4	5
22. Loslassen.	1	2	3	4	5
23. Die Dinge einmal anders sehen.	1	2	3	4	5
24. Spielerisch sein.	1	2	3	4	5
25. Den Gedanken »Ich bin nicht kreativ« vermeiden.	1	2	3	4	5
26. Den Mut haben, zur eigenen Überzeugung zu stehen – auch angesichts von Widerständen.	1	2	3	4	5

Achten Sie nun bitte auf die Bereiche, in denen Sie fast nie oder nur selten so handeln, dass Ihr Selbstvertrauen wachsen kann (alle Punkte mit Werten von 1 und 2). Überlegen Sie, wie Sie dies verbessern können.

Übung 2: Checkliste für Kreativität

Überlegen Sie, wo und wie Sie in Ihrem Leben kreativ sind. Die folgenden Aktivitäten erfordern alle ein gewisses Maß an Kreativität. Kreuzen Sie an, welche dieser Tätigkeiten Sie ausüben.

Fügen Sie am Ende der Liste mindestens noch vier andere Beschäftigungen hinzu, bei denen es nötig ist, dass Sie hin und wieder kreativ werden. Denken Sie daran, dass falsche Bescheidenheit zu einem falschen Bild von sich selbst und zu fehlendem Zutrauen in die eigene Kreativität führen kann. Kreuzen Sie unbedingt auch Tätigkeiten an, bei denen Sie nur gelegentlich kreativ sind.

- ☐ Gartenarbeit
- ☐ Singen
- ☐ Kochen
- ☐ Urlaubsplanung
- ☐ sich um die kümmern, die Ihnen nahe stehen
- ☐ mit Kindern spielen
- ☐ das Auto pflegen
- ☐ Briefe schreiben
- ☐ Kleidung auswählen
- ☐ Wochenendaktivitäten
- ☐ Musizieren
- ☐ die tägliche Auswahl Ihrer Garderobe
- ☐ Basteln
- ☐ Verhandeln
- ☐ Blumen arrangieren
- ☐ Gedichte oder Geschichten schreiben
- ☐ Berichte verfassen
- ☐ geselligen Umgang pflegen
- ☐ Reparaturen im Haus/in der Wohnung durchführen
- ☐ Spiel und Sport
- ☐ --
- ☐ --
- ☐ --
- ☐ --

Merkmale kreativer Menschen

Eine Möglichkeit, Vertrauen in die eigene Kreativität aufzubauen, ist die Entwicklung von Eigenschaften, die als charakteristisch für kreative Menschen gelten.

Merkmale kreativer Menschen und ihres Arbeitsumfeldes

Persönliche Eigenschaften	Kognitive Flexibilität	Arbeitsstil
Kulturelle Werte schätzen	Komplizierte Sachverhalte verstehen	Freundlich
Interesse an komplizierten Fragestellungen	Nicht gleich urteilen	Ermutigend
Engagement und Leistungswille	Mehrdimensional denken	Herausfordernd
Unabhängigkeit des Urteils	Gutes Gedächtnis	Freiräume für Kreativität
Unklarheit ertragen	Aus Denkmustern ausbrechen	Selbstständiges Handeln
Unabhängigkeit		Fördernd
Selbstvertrauen		Neue Ideen unterstützend
Risikobereitschaft		Sehr gute Kommunikation

↓ ↓ ↓

Kreatives und innovatives Verhalten bei der Arbeit

Folgende Merkmale sind charakteristisch für kreative Menschen:

Wertschätzung von Kultur

»Alle Kultur ist Erweiterung unseres Bewußtseins.«
C.G. Jung

Diejenigen, die in ihrer Arbeit kreativ sind, neigen zu intellektuellen Beschäftigungen wie anspruchsvoller Lektüre, Philosophie, Wissenschaft und Mathematik. Sie sind oft auch daran interessiert, sich mit philosophischen, politischen und menschlichen Problemen auseinanderzusetzen. Häufig haben sie ausgeprägte künstlerische Wertvorstellungen. Kunst, Musik, Schreiben, Tanz, Literatur, Kino und Theater bedeuten ihnen viel. Manchmal kann unsere Kreativität dadurch gefördert werden, dass wir uns mit fremden Denkrichtungen, neuen Bereichen von Literatur, Kunst, Musik und Wissenschaft befassen.

Interesse an komplizierten Fragestellungen

Kreative Menschen haben oft großes Interesse daran, sich eingehend mit vielschichtigen, schwierigen Themen zu befassen – entweder, um diese besser zu verstehen oder um Lösungen für diese Probleme zu finden.

Engagement und Leistungswille

Kreative Menschen sind bei ihrer Arbeit häufig sehr selbstdiszipliniert und verfügen über ein hohes Maß an Energie und Motivation. Es ist ihnen wichtig, ausgezeichnete Ergebnisse zu erzielen. Sie neigen dazu, sich selbst zu motivieren. Eine gute Leistung am Arbeitsplatz bereitet ihnen eine besondere Befriedigung.

Ausdauer

Die meisten kreativen Menschen sind hartnäckig entschlossen, ihre Ziele zu erreichen und Probleme am Arbeitsplatz zu identifizieren und zu lösen, oft trotz der damit verbundenen Frustration und Schwierigkeiten. Sie sind so beharrlich, weil sie an ihre eigenen Stärken und Fähigkeiten glauben.

Die dritte Übung (siehe Seite 31) beschreibt einen einfachen Weg, das Vertrauen in die eigenen Stärken und Fähigkeiten zu festigen und sich so zur Ausdauer zu motivieren.

Unabhängigkeit des Urteils

Viele neigen dazu, sich Meinungen anzuschließen, die von der Mehrheit oder von Leuten in höheren Positionen vertreten werden. Bei kreativen und innovativen Menschen dagegen wird eine typische Unabhängigkeit deutlich: Sie bilden sich ihr eigenes Urteil und stehen dann zu ihren Meinungen und Überzeugungen.

Das Aushalten von Unklarheit

Oft fühlt man sich in Situationen unbehaglich, die nicht eindeutig sind. Ein Beispiel: Man kommt in einem fremden Land an und weiß nicht, welche »Regeln« dort gelten und welches Verhalten als »normal« gilt. Das kann ziemlich verunsichern. Kreative Menschen reagieren meistens positiv auf solche Situationen: Es macht ihnen Spaß, nach und nach den Durchblick zu bekommen.

Unabhängigkeitsbedürfnis

Kreative Menschen sind häufig selbstbestimmt und weniger abhängig von anderen. Sie genießen und brauchen Freiheit bei ihrer Arbeit. Sie haben ein starkes Bedürfnis nach Eigenständigkeit, Selbstbestimmung und Entscheidungsfreiheit und finden bürokratische Beschränkungen oder Kontrolle durch Vorgesetzte oft sehr frustrierend.

Selbstvertrauen

Ein wichtiges Merkmal, das wir in Zusammenhang mit den Eigenschaften kreativer Menschen bereits betrachtet haben, ist Selbstvertrauen und die Pflege eines kreativen Selbstbildes. Menschen, die an ihre eigene Kreativität glauben und auf ihre Fähigkeiten vertrauen, verhalten sich mit großer Wahrscheinlichkeit auch am Arbeitsplatz kreativer.

> »Man kann viel, wenn man sich nur recht viel zutraut.«
> Wilhelm von Humboldt

Risikobereitschaft

Es überrascht nicht, dass diejenigen, die kreativer bei ihrer Arbeit sind, auch eine größere Bereitschaft mitbringen, mit neuen Ideen Risiken einzugehen und andere Arbeitsweisen auszuprobieren, auch wenn sie von ihrer Umgebung nicht unterstützt werden. Sie sind darauf eingestellt, mit ihrem Streben nach Leistungssteigerung bei der Arbeit Veränderung zu bewirken.

Natürlich gibt es kreative Menschen, deren Persönlichkeit nicht mit allen genannten Merkmalen übereinstimmt. Wichtig ist aber, dass wir Selbstvertrauen haben und diese positiven Eigenschaften bei uns schätzen und fördern.

Denken Sie dabei an folgende Punkte:

- Selbstdisziplin bei der Arbeit einüben, um auch angesichts von Frustrationen nicht aufzugeben.
- Unabhängigkeit des eigenen Urteils entwickeln – ohne Rücksicht auf die Gruppen oder Einzelpersonen, mit denen Sie zu tun haben.
- Lernen, Probleme und Unklarheiten auszuhalten.
- Nicht gleich urteilen, sondern offen bleiben für verschiedene Reaktionsmöglichkeiten.
- Die Unabhängigkeit und Autonomie am Arbeitsplatz ausbauen, um Ihr kreatives Potenzial freizusetzen.

Das Eingehen von sorgfältig abgewogenen Risiken am Arbeitsplatz kann helfen, die persönlichen Eigenschaften zu entwickeln, die mit Kreativität verbunden sind. Die Autonomie, die wir bei der Ausführung von Arbeiten haben, kann größer werden, wenn wir mehr Verantwortung auf uns nehmen, hartnäckig um Erlaubnis bitten, Risiken eingehen zu dürfen und die Unterstützung durch unsere Vorgesetzten suchen. Um das Klima zu schaffen, in dem Kreativität gedeihen kann, ist es auch wichtig, Ziele abzuklären und sich um Feedback zur Arbeitsleistung zu bemühen.

Übung 3: Stärken und Fähigkeiten

Nehmen Sie sich zehn Minuten Zeit, um Ihre Stärken und Fähigkeiten aufzulisten. Dies ist eine gute Möglichkeit, Vertrauen in Ihre Kreativität aufzubauen. In manchen Kulturen neigt man dazu, so bescheiden zu sein, dass es auf Kosten der Realität geht – vermeiden Sie das nach Möglichkeit. Führen Sie all jene Dinge auf, die Sie können; Sie müssen nicht brillant oder perfekt darin sein.

Denken Sie daran, dass Stärken und Fähigkeiten sich normalerweise darin zeigen, dass man mit einer Situation zurechtkommt, nicht darin, dass man die Lage völlig beherrscht. Zählen Sie Stärken und Fähigkeiten aus allen Bereichen Ihres Lebens auf: Arbeit, Haushalt, Freizeit, Hobbys, Sport, Kindererziehung, Gartenarbeit, Kochen.

Vielleicht brauchen Sie dafür länger als zehn Minuten, denn wir haben alle eine große Bandbreite an Stärken und Fähigkeiten, die uns in die Lage versetzen, mit den unzähligen Veränderungen zurechtzukommen, mit denen wir in unserem Leben konfrontiert werden. Es ist hilfreich, wenn Sie Ihre Liste regelmäßig ergänzen und so ein detailliertes und genaues Bild Ihrer eigenen Fähigkeiten bekommen. Dieses Bild sollte nie abgeschlossen sein, denn wir erlernen ständig neue Fähigkeiten und entdecken neue Stärken in uns selbst.

Von Zeit zu Zeit sehen wir uns – am Arbeitsplatz oder in anderen Situationen – einer neuen großen Herausforderung oder einem ernsten Problem gegenüber. Wenn wir müde sind oder uns bedrängt, unfähig und schlecht fühlen, kann das Problem ungeheuer groß erscheinen. Dann sollten wir die Liste unserer Stärken und Fähigkeiten lesen. So können wir neues Selbstvertrauen und innere Sicherheit gewinnen und dadurch das Gefühl überwinden, nicht mit dem Problem oder der Situation fertig werden zu können. Wenn wir uns selbst in einem anderen und positiveren Licht sehen, kann das unser Selbstvertrauen entscheidend stärken und als Antwort auf die Herausforderungen, mit denen wir konfrontiert sind, neue Kreativität freisetzen.

Außerdem kann es gut sein, dass wir beim Durchlesen unserer Liste eine Fähigkeit oder eine Begabung aus einem Lebensbereich entdecken, die sich gut in dem Bereich einsetzen lässt, mit dem wir es gerade zu tun haben. Einige Leute haben solch eine Liste immer zur Hand, sodass sie daraus Selbstvertrauen und Stärke ziehen können, wenn sie sich sehr schwierigen Problemen oder Situationen gegenüber sehen.

Notieren Sie nun Ihre Stärken und Fähigkeiten:

- -

- -

- -

Motivation und Wahrnehmung

Wodurch werden kreative Menschen zu dem besonderen Engagement motiviert, das für Kreativität nötig ist? Sind ihre Denkprozesse von besonderer Bedeutung? Kreative Menschen beschäftigen sich oft aus Interesse mit bestimmten Aufgaben, weil sie sich dadurch herausgefordert fühlen oder weil sie persönlich in dieser Sache sehr engagiert sind. Es fällt auf, dass kreative Menschen vieles anders wahrnehmen:

- Kreative Menschen sind eher bereit, ihre Umwelt immer wieder neu und anders zu sehen und zu erleben, anstatt an einer einmal erprobten und für gut befundenen Sichtweise festzuhalten.
- Sie können die unterschiedlichen Motive ihrer Kollegen ebenso erkennen wie die verschiedenen »Gesichter« ihrer Organisation.
- Kreative Menschen denken nicht »in Schubladen«, sondern sind flexibel in der Einschätzung ihrer Arbeit. Sie haben die Fähigkeit, die Probleme, mit denen sie bei ihrer Arbeit konfrontiert werden, aus immer wieder neuen Perspektiven zu betrachten.
- Zudem neigen sie dazu – anders als weniger kreative Menschen –, die Art des Problems und seine Lösungen nicht sofort zu bewerten. Möglicherweise hängt dies damit zusammen, dass sie Unklarheiten besser aushalten können. Das heißt, dass sie sich des Urteils enthalten können – zum Beispiel über ein zwischenmenschliches Problem am Arbeitsplatz –, bis sie möglichst viele Informationen gesammelt und das Problem aus unterschiedlichen Perspektiven betrachtet haben.
- Außerdem sind Ihre Denkmuster großzügiger. Sie betrachten Probleme am Arbeitsplatz und ihre Lösungen aus der »Vogelperspektive«. Diese Fähigkeit, eine weite und strategische Perspektive einzunehmen, ist bezeichnend.

Der Einfluss des Arbeitsumfeldes

Wenn man sich überlegt, wie Kreativität bei der Arbeit stimuliert werden kann, ist es wichtig, das unmittelbare soziale und psychologische Umfeld des Einzelnen zu betrachten. Ein Arbeitsklima, das die individuelle Kreativität nicht fördert, führt zu Frustrationen bei denjenigen, die gerne neue und verbesserte Arbeitsmethoden entwickeln. – Diese kündigen dann.

Schafft man dagegen ein Arbeitsumfeld, das von Ermutigung und Herausforderung geprägt ist, fördert dies auch das Vertrauen in Kreativität. Forschungen haben gezeigt, dass ein Umfeld, das freundlich, ermutigend und flexibel, aber auch intellektuell fordernd ist, ein Höchstmaß an Kreativität bewirkt.

Unternehmen müssen daher die für kreative Impulse nötigen Mittel zur Verfügung stellen und selbstständiges Handeln fördern, damit es ihren Mitarbeitern leichter fällt, kreativ zu sein. Ein Klima, das Interaktion, individuelle Autonomie und die Entwicklung von Ideen anregt, führt sowohl in Bildungseinrichtungen als auch in Arbeitsorganisationen zu kreativen Leistungen. Wo die Atmosphäre dagegen von Misstrauen, mangelnder Kommunikation, eingeschränkter individueller Selbstständigkeit und unklaren Zielen bestimmt ist, werden sehr wahrscheinlich Innovationen blockiert.

»Wer Ideen pflanzen will, der darf ihr freies Wachstum nicht fürchten.«
Albert Talhoff

Das hier beschriebene positive Arbeitsklima mag utopisch erscheinen und weit entfernt von dem, was viele Menschen erleben: Arbeitsplätze, an denen eine repressive und restriktive Atmosphäre herrscht. Dieses Buch soll aber dazu herausfordern, Kreativität und Innovation bei der Arbeit zu entwickeln.

Es gibt nur wenige Möglichkeiten, das kreative Klima am Arbeitsplatz zu messen (obwohl es gute Tests gibt, um in Teams und Organisationen das Klima zu messen, in dem Kreativität gedeihen kann, s. Kapitel 4 und 5).

Messen von Kreativität

Es gibt viele Möglichkeiten, die allgemeine Kreativität zu messen, aber einige Tests sind besonders gut.

- Der »Torrance Test of Creative Thinking« misst sowohl die Fähigkeit, Probleme zu erkennen als auch die Fähigkeit, diese auf kreative Weise zu lösen. Die Zuverlässigkeit dieses Tests wurde in zahlreichen Studien nachgewiesen.
- Cattells »16PF« misst eine weite Palette von persönlichen Eigenschaften und charakterisiert die kreative Persönlichkeit als intelligent, dominierend, mutig, sensibel, fantasievoll, kompromisslos und selbstständig, aber als nicht sehr warmherzig, impulsiv und diplomatisch.
- Ein weit verbreiteter Test, mit dem die Kreativität von Managern gemessen wird, ist der »Kirton Adaptation-Inventory« (KAI). Er konzentriert sich vor allem auf den kreativen Stil, aber nicht auf den Grad an Kreativität. Die Ergebnisse des Fragebogens zeigen, dass es zwei Typen von Menschen gibt:
  - »Angepasste«, die oft wenig Originalität besitzen, aber sehr viel leisten und sich gut in das Unternehmen einfügen;
  - »Innovatoren«, die sehr originell sind, aber nicht sehr effizient und anpassungsfähig.

  Die »Angepassten« haben die Tendenz, bestehende Praxis auszuweiten, um kleinere Innovationen herbeizuführen, während die »Innovatoren« dazu neigen, Strukturen drastisch zu ändern, um so eine Veränderung an ihrem Arbeitsplatz zu bewirken.

Die nachfolgende Übung zeigt an einem Beispiel, wie man das Klima für individuelle Kreativität messen kann. Mit dieser Übung kann man einschätzen, wie viel Unterstützung der Einzelne von seinem Arbeitsumfeld erhält.

Übung 4: Das Klima für individuelle Kreativität

Gehen Sie die nachfolgende Liste durch und kreuzen Sie an, wie oft das Verhalten Ihrer Kollegen konstruktiv ist. Kreuzen Sie die Antwort an, die Ihrer Erfahrung am Arbeitsplatz am meisten entspricht.

Wie oft kommt es vor, dass Ihre Kollegen	Fast nie	Sehr selten	Weder häufig noch selten	Sehr häufig	Fast immer
Ideen eher begrüßen als kritisieren					
die berufliche Position außer Acht lassen					
langweilige Aufgaben interessant und herausfordernd machen					
Pausen zur Entspannung einlegen					
kreativen Ideen Raum geben					
sich mit Kritik erst einmal zurückhalten					
frei Ideen entwickeln					
gegen die »Spielregeln« verstoßen und unkonventionell vorgehen					
organisatorische Grenzen kritisieren					
Ihre Ideen bejahen					
Interesse für Ihre Ideen bekunden, ihnen zustimmen oder sie unterstützen					
Ihnen aktiv zuhören					
Ihre Fehler konstruktiv kritisieren					
an Herausforderungen Spaß haben					
spielerisch und humorvoll sind					
Ihre Mitarbeiter und Kollegen respektieren					

Übung 4 (Fortsetzung)

Wie oft kommt es vor, dass Ihre Kollegen	Fast nie	Sehr selten	Weder häufig noch selten	Sehr häufig	Fast immer
die Dinge positiv sehen					
sich gegenseitig zu neuen Ideen anregen					
eine freie Atmosphäre schaffen					
Ihre Kenntnisse heranziehen					
freie Meinungsäußerungen fördern					
Spott vermeiden					
Ihre Kreativität honorieren					

Zählen Sie zusammen, wie oft Sie »Sehr häufig« oder »Fast immer« angekreuzt haben. War dies bei mehr als der Hälfte der Fragen der Fall? Wenn nicht, überlegen Sie, ob es nicht gut wäre, mit Ihren Kollegen darüber zu sprechen, auf welche Weise man ein Klima schaffen kann, in dem Kreativität gedeiht.

Die Art der Aufgabe

Die Merkmale der Tätigkeiten, die Menschen ausüben, haben Einfluss auf ihr Zutrauen zu ihrer Kreativität. Tätigkeitsmerkmale sind die objektiven Eigenschaften der Arbeit, die wir ausüben, und es gibt fünf, die offensichtlich besonders wichtig sind (nach: Hackman/Oldham 1980).

1. Vielseitiges Können und Herausforderung

Vielseitiges Können bezieht sich darauf, wie viele unterschiedliche Tätigkeiten ein Beruf erfordert, damit die Arbeit ausgeführt werden kann, und wie weit die Palette von Fertigkeiten und Talenten des Betroffenen gefragt ist. So muss zum Beispiel eine Krankenschwester, die zu älteren Menschen nach Hause kommt, vielfältiges professionelles Können einsetzen: Wunden verbinden, zuhören, beraten, einfühlsam sein, die Gefahren in der Wohnung des Patienten abschätzen können.

3. Kongruenz der Aufgabe

Der Begriff Aufgabenkongruenz bezieht sich darauf, wie weit eine Tätigkeit eine einheitliche Arbeit darstellt. Damit ist gemeint, dass man nicht einfach noch ein Gummiband um die Verpackung eines Produkts ziehen muss, sondern dass man während des ganzen Produktionsprozesses mit der Herstellung des Produkts zu tun hat oder wenigstens an einem wesentlichen Teil des Prozesses beteiligt ist.

5. Relevanz der Aufgabe

Die Bedeutsamkeit einer Aufgabe – das heißt, wie stark sie sich auf andere Menschen auswirkt – hat einen Einfluss auf die Kreativität.

7. Selbstständigkeit

Hier geht es darum, wie viel Selbstständigkeit und Ermessensspielraum eine Tätigkeit uns lässt, indem wir selbst bestimmen können, wie und wann wir unsere Arbeit erledigen. Selbstständigkeit steht in direktem Zusammenhang damit, wie kreativ und innovativ Menschen in ihrer Arbeit sind.

9. Feedback

Wenn Leute erfahren, wie gut sie ihre Arbeit machen und wie effizient ihre Leistung ist, ist die Wahrscheinlichkeit viel größer, dass sie in ihrer Arbeit kreativ sind, da sie sich möglicher »Leistungslücken« bewusst werden. Folglich sind sie eher darauf eingestellt, neue Arbeitsmethoden einzuführen.

Wenn diese Tätigkeitsmerkmale gegeben sind, ist die Chance größer, dass sich Kreativität in der Arbeit zeigt, besonders unter dem Aspekt der Selbstständigkeit.

Bei der Entfaltung individueller Kreativität am Arbeitsplatz geht es zum einen darum, Vertrauen in die eigene Kreativität zu entwickeln und die persönlichen Eigenschaften zu stärken, die in engem Zusammenhang mit Kreativität stehen. Es geht aber auch darum, zu überlegen, wie das Arbeitsumfeld gestaltet werden kann, dass Kreativität stärker gefördert wird. Einerseits geschieht dies dadurch, dass die Arbeit eine größere Herausforderung darstellt, andererseits dadurch, dass der Einzelne mehr

Kontrolle über sie hat. Kreativität ist jedoch vor allem ein Produkt unserer kognitiven Prozesse – unserer Wahrnehmung, unseres Denkens und Lernens. So stellt sich die Frage: Wie können wir lernen, auf kreative Weise zu reagieren?

Kreative Antworten auf Probleme finden

Wir beschäftigen uns nun damit, wie man in der Praxis die kognitive Flexibilität verbessern kann. Es folgen drei Übungen. Man kann jede dieser Übungen ganz unterschiedlich lösen. Ihre Gemeinsamkeit besteht darin, dass sie uns kritisch damit auseinandersetzen, wie wir gewöhnlich über Probleme denken, um Lösungen zu finden oder alternative Ergebnisse zu erzielen.

Handeln Sie so, als kämen Sie von einem anderen Stern. Stellen Sie Vergleiche an mit anderen Problemen, die Ihnen täglich begegnen. Überlegen Sie, ob Problemlösungen aus anderen Bereichen angewandt werden können: Wie würden Sie einem Kind sagen, auf welche Weise es an diese Probleme herangehen soll?

Übung 5: Das Uhrenrätsel – Aufgabe und Ziele

Die Aufgabe besteht darin, mehr als eine Lösung zu finden. Diese Aufgabe verlangt, dass wir die Dinge aus einer anderen Perspektive betrachten als sonst, um ungewöhnliche und überraschende Lösungen für das Problem zu finden.

Denken Sie an ein Zifferblatt, bei dem die Ziffern auf die Glasoberfläche der Uhr aufgemalt sind. Stellen Sie sich vor, dass die Uhr eines Tages von der Wand fällt und das Zifferblatt beim Aufschlag auf den Boden in vier Teile auseinander bricht. Eine Untersuchung der vier Teile zeigt Folgendes: rechnet man jeweils die Ziffern zusammen, so ergibt sich bei jedem Teilstück die gleiche Gesamtsumme. Versuchen Sie, Erklärungen dafür zu finden. Denken Sie daran, offen zu sein für alle neuen Ideen, die Ihnen als Erklärung in den Sinn kommen. Nehmen Sie sich am Schluss der Übung Zeit zu überlegen, wieso Ihnen diese Antworten eingefallen sind und was sich daraus für Ihre eigene Kreativität und Problemlösungsstragien ergibt.

Mögliche Lösungen siehe Seite 185.

Übung 6: Das Neun-Punkte-Rätsel

Auch bei dieser Aufgabe sollten Sie mehr als eine Lösung für das Problem finden. Versuchen Sie, die üblichen Lösungsmuster hinter sich zu lassen.

Sie sehen unten die neun Punkte. Ihre Aufgabe ist es, mit nicht mehr als vier gerade Linien (ohne den Bleistift auch nur einmal abzusetzen) alle neun Punkte zu durchkreuzen.

Wenn Sie eine Lösung mit vier Linien gefunden haben, so suchen Sie nach einer Lösung mit nur drei geraden Linien. Dann versuchen Sie, ob Sie es auch mit zwei Linien schaffen. Zuletzt versuchen Sie, mit einer Linie auszukommen.

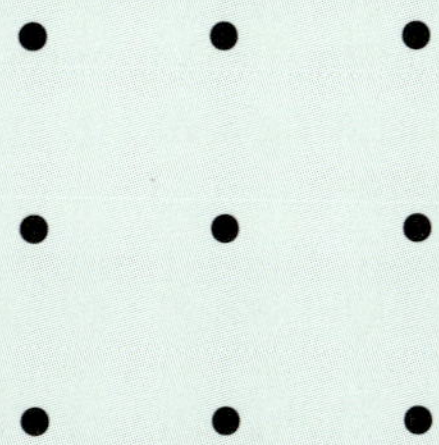

Mögliche Lösungen siehe Seite 185f.

Übung 7: Der Weg der Nonne

Eine buddhistische Nonne brach genau bei Sonnenaufgang vom Fuß eines Berges auf, um zum Gipfel zu wandern, wo ein sehr schöner Tempel stand. Ein schmaler gewundener Pfad führte zum Berggipfel. Die Nonne ging mal langsamer, mal schneller bergauf. Hin und wieder legte sie am Wegesrand eine Pause ein, um sich auszuruhen und getrocknete Früchte zu essen. Sie erreichte den Tempel vor Sonnenuntergang und blieb drei Tage lang dort, um zu fasten und zu meditieren. Am vierten Tag begann sie genau bei Sonnenaufgang ihren Rückweg. Beim Abstieg wanderte sie ebenso mal langsamer und mal schneller. Allerdings brauchte sie – im Schnitt – für den Weg nach unten nicht so viel Zeit wie für den Aufstieg.

Beweisen Sie, dass es irgendwo am Wegesrand einen Punkt gibt, an dem sich die Nonne sowohl beim Aufstieg als auch beim Abstieg jeweils genau zur gleichen Tageszeit befand.

Mögliche Lösungen siehe Seite 186.

Paradigmen und Kreativität

Zu unserem Wachstums- und Lernprozess gehört es, dass wir Bezugssysteme entwickeln. Stellen Sie sich einen Fisch vor, der in einem Goldfischglas schwimmt, und der sich dieser Tatsache nie bewusst wird. Denn er hat nie erfahren, wie es ist, nicht im Wasser zu sein. Sein Paradigma ist verschieden von dem des kleinen Mädchens, das neben dem Glas sitzt und dem Fisch zusieht. Eine Möglichkeit, unsere eigenen Denkmuster kritisch zu betrachten, besteht darin, dass wir versuchen, sie zu verlassen und die Welt neu zu sehen. Diese Übung kann dazu beitragen, Kreativität zu entwickeln.

Wenn ich jeden Morgen zur Arbeit gehe und dabei an den Bäumen, Büschen und Häusern in meiner näheren Umgebung vorbeikomme, nehme ich die feinen farblichen Veränderungen nicht wahr, die der Wechsel der Jahreszeiten mit sich bringt. Der Grund dafür ist, dass mein Paradigma zu einem Filter geworden ist, der verhindert, dass ich das wahrnehme, was gerade geschieht. Ich sehe nur, was in meiner Umgebung gleich bleibt. Paradigmen sind nützlich, weil sie verhindern, dass wir mehr Informationen aufnehmen, als wir verarbeiten können. Sie können unsere Wahrnehmung aber auch so stark begrenzen, dass wir zu Bereichen der Kreativität keinen Zugang mehr haben.

Es gibt Paradigmen, deren wir uns durchaus bewusst sind, wie zum Beispiel unsere politischen Ansichten. Aber die meisten Bezugssysteme sind so sehr in unser Denken und unsere Wahrnehmung integriert, dass wir gar nicht erkennen, dass es sie überhaupt gibt. Sie haben entscheidenden Einfluss auf unsere Sinneseindrücke und besonders auf unsere Fähigkeit, neue Ideen zu entwickeln. Manchmal haben Paradigmen so viel Macht über uns, dass wir etwas absolut nicht erkennen können, was für jemanden mit einem anderen Bezugssystem ganz offensichtlich ist.

Es überrascht nicht, dass es umso schwieriger ist, alternative Perspektiven in Betracht zu ziehen, je mehr Macht wir einem Paradigma eingeräumt haben. Einem Besucher von einem anderen Stern würden vermut-

»Mir kommt es auch blöd vor. Aber mein Mann meint, eine Frau gehört an den Herd.«

lich am meisten die geschlechtsspezifischen Rollenzuweisungen auffallen, die in Betrieben vorkommen.

Wenn man in der Vergangenheit sehr erfolgreich war, kann es besonders schwierig sein, Paradigmenwechsel vorauszusehen. In den sechziger Jahren hatte die Schweiz mehr als 60 Prozent des Weltmarktanteiles für Uhren. Zehn Jahre später war ihr Anteil unter zehn Prozent gesunken. Die Quarzuhr hatte den Markt erobert, und japanische Firmen beherrschten den Markt. Ironischerweise wurde die Quarzuhr in der Schweiz entwickelt. Jedoch war die Schweizer Uhrenindustrie von den Forschungen über Quarzuhren nicht sonderlich beeindruckt und nahm an, dass niemand Uhren ohne Lager und Laufwerk kaufen würde. Aus diesem Grunde wurde die Idee nicht patentiert. Die neue Uhr passte nicht zu ihren Paradigmen. Als Forscher die neue Uhr auf einer Konferenz vorstellten, erkannten zwei andere Unternehmen das Marktpotenzial und entwickelten die Idee weiter: Auf diese Weise eroberten sie einen großen Marktanteil.

Beim Lösungsversuch der drei Rätsel (siehe Seite 185f.) können Sie nachdenken: Welche Paradigmen hindern Menschen daran, alternative Lösungen zu finden, die nicht im Bereich des Herkömmlichen liegen? Auf welche Weise wird unser Potenzial zum Entdecken alternativer Problemlösungsstrategien von Erfahrungen beeinträchtigt, die wir in Bildungseinrichtungen gemacht haben, wo man uns meist beigebracht hat, dass es nur eine richtige Antwort oder einen richtigen Weg gibt?

Wann sollte Kreativität eingesetzt werden?

Eine Straßenkarte gibt einem Reisenden, der durch eine unbekannte Gegend fährt, die nötige Sicherheit. Ebenso kann Sicherheit und Vertrauen in die eigene Kreativität aufgebaut werden, wenn man vorher weiß, wie die »Strecke« durch den kreativen Problemlösungsprozess verläuft. Die Betrachtung der Phasen kreativer Problemlösung kann Menschen helfen, ihr Verständnis des kreativen Prozesses neu zu definieren und ihre Paradigmen kreativer Problemlösung zu ändern. Vier Phasen sind uns bekannt:

- Phase 1: Problembeurteilung
- Phase 2: Ideenfindung
- Phase 3: Auswählen der Optionen
- Phase 4: Das Umsetzen

Phase 1: Problembeurteilung

»So lange denken, bis das Problem erkannt ist.«
Peter H. Engel

Das kritischste Stadium der Problemlösung ist das Untersuchen und Bestimmen des Problems. Für viele ist es typisch, dass sie versuchen, Lösungen für Probleme zu finden, ehe sie diese Probleme analysiert, aufgeschlüsselt und falls nötig neu definiert haben. Aber je mehr Zeit man darauf verwendet, sie aufzuschlüsseln und zu analysieren, bevor man versucht Lösungen zu finden, desto besser sind letzten Endes die Lösungen. Außerdem wird Zeit eingespart: Je sorgfältiger man ein Problem untersucht, desto weniger Zeit ist nötig, um Lösungen zu finden und in die Tat umzusetzen. Die Problemanalyse gibt uns die Möglichkeit, mit Paradigmen zu spielen, sie zu verwerfen, neue in Betracht zu ziehen und zu klären, ob hinter dem Problem, mit dem wir konfrontiert sind, vielleicht ein tiefer liegendes Problems steckt.

Zum Beispiel: Ständige Streitereien zwischen den Mitarbeitern einer Abteilung müssen nicht zwangsläufig das Ergebnis unvereinbarer persönlicher Eigenschaften sein, sondern können dadurch verursacht werden, dass die Abteilung keine klaren Ziele hat. Oder dass die Mitarbeiter nicht wissen, was gute Kommunikation ausmacht: dem Anderen zuzuhören und die jeweiligen Meinungen zusammenzufassen.

Manchmal haben Menschen Angst davor, die eigentlichen Probleme in Unternehmen zu lokalisieren, weil dies untragbare und bedrohliche Konsequenzen haben kann. So kann ein Mangel an Klarheit daher kommen, dass Führungskräfte nicht für ein klares Feedback in ihrer Abteilung sorgen. Das Angehen solcher Probleme kann zu der Erkenntnis führen, dass sie durch unfähiges Management oder mangelhafte Kommunikation verursacht werden. Die Wahrnehmung dieser Probleme kann noch weitere Ängste hervorrufen, da Kritik an Höhergestellten damit verbunden ist.

So ist die kreative Problemanalyse entscheidend für den gesamten Prozess kreativer Problemlösung. Im nächsten Kapitel beschäftigen wir uns eingehend mit Problemlösungstechniken. Diese resultieren aus der Erkenntnis, dass Problemanalyse bedeutet, die Natur des Problems sorgfältig zu untersuchen, zu bestimmen und zunächst nicht über die Ursachen des Problems zu urteilen, sondern offen für das zu bleiben, was das eigentliche Problem sein könnte, und aus verschiedenen Perspektiven zu überlegen, wie man das Problem am besten in Worte fassen kann.

Phase 2: Ideenfindung

In Phase 1 haben wir zunächst auf Versuche verzichtet, Lösungen für das Problem zu entwickeln, um uns Handlungsmöglichkeiten so lang wie möglich offen zu halten. Es wurde versucht, nicht »in Schubladen« zu denken. Der nächste Schritt besteht nun darin, eine Palette an alternativen Lösungen für das Problem zu entwickeln. Es ist charakteristisch für kreative Menschen, dass sie sich nicht an das »Drehbuch« halten, sondern verschiedene Problemlösungen erarbeiten. Im Gegensatz dazu suchen nicht kreative Menschen nach nur einem Weg: Sie greifen bei der ersten einigermaßen akzeptablen Idee zu. Am effektivsten ist es, wenn man zunächst den Gedanken freien Lauf lässt und verschiedene Ideen kommen lässt, sie auflistet und dann nochmals über die möglichen Vorgehensweisen nachdenkt. An diesem Punkt wird am besten das Brainstorming eingesetzt. Man nimmt sich die Zeit, so viele Ideen wie möglich aufzulisten. Diese zweite Phase sollte spielerisch und herausfordernd sein, mit dem Ziel, viele neue und unkonventionelle Ideen hervorzubringen.

Phase 3: Auswählen der Optionen

In der dritten Phase muss ein kritisches Urteil darüber gefällt werden, welche Ideen weiterentwickelt werden sollen. Meistens werden in Phase 2 eine Reihe von Lösungen vorgebracht. Die drei oder vier viel versprechendsten Lösungen werden nun ausgewählt. Es ist allerdings wichtig, dass man vermeidet, einfach diejenigen herauszusuchen, die in das vorgegebene Paradigma passen. Wenigstens eine potenzielle Lösung, die einen völlig neuen Umgang mit dem Problem mit sich bringt, sollte in Betracht gezogen werden.

Diese Phase der kritischen Analyse und Auswahl ist deshalb besonders schwierig, weil jeder Mensch die Neigung hat, eine Lösung einfach deswegen auszuwählen, weil es eine Lösung ist – nicht weil es die optimale Lösung ist. Das Bedürfnis, die Sache schnell abzuschließen und weiteren Unklarheiten aus dem Weg zu gehen, leistet der Tendenz Vorschub, Probleme zu übersehen, die in favorisierten Lösungen impliziert sind.

Phase 4: Das Umsetzen

Ist man in den drei Phasen gründlich vorgegangen, ist das Umsetzen der Ideen wesentlich einfacher als ohne eine solche Vorgehensweise. Es geht nun darum, die Kollegen von der Brauchbarkeit der ausgearbeiteten Lösung zu überzeugen. In der Umsetzungsphase sollte der Innovator Unterstützung in Form von Ressourcen, Zeit und Kooperation erhalten, die den Erfolg der Änderung beeinflussen können.

Beim Umsetzen einer Änderung ist entscheidend, zu bedenken, welche Auswirkungen diese Veränderung auf die verschiedenen Gruppen und Einzelpersonen hat, die davon betroffen sind. Dementsprechend gilt es, den Veränderungsprozess zu steuern (siehe Kapitel 6). Widerstand gegen Veränderungen löst man am besten dadurch auf, dass man diejenigen einbezieht, die sich wahrscheinlich gegen die Veränderung wehren werden. Das bedeutet, mit ihnen zu sprechen, Informationen mitzuteilen und ihnen Einfluss auf den Entscheidungsprozess einzuräumen.

In jeder dieser Phasen sind unterschiedliche kreative Fähigkeiten gefragt. Obwohl Einzelne oder Gruppen sie vielleicht nicht unbedingt in der richtigen Reihenfolge durchlaufen, ist es für eine effektive Entscheidungsfindung und Problemlösung doch sehr wichtig, dass man sich Zeit für jede Phase nimmt. Es ist allerdings entscheidend, sich zu vergewissern, dass man der sorgfältigen Analyse und Bestimmung des Problems (Phase 1) genügend Zeit gewidmet hat.

Wenn man mit Selbstvertrauen an Probleme bei der Arbeit herangeht – und sogar mit einer gewissen Vorfreude bei der Aussicht, verschiedene kreative Möglichkeiten zu finden, ein Problem zu untersuchen oder zu definieren –, wird die Arbeit eher ein Abenteuer als eine Last. Nachdem wir auf kreative Weise analysiert haben, was das Problem ausmacht, können wir ebenso kreativ eine Reihe von Optionen oder Lösungen erarbeiten, aus der wir dann auswählen können. Sogar der Prozess des Überlegens und Auswählens, wie man denn vorgehen sollte, bietet eine Chance, die kreativen Stärken aller Beteiligten einzusetzen.

Schließlich folgt dann die Phase, in der eine ausgewählte Option am Arbeitsplatz umgesetzt wird. Jetzt entsteht die Gelegenheit, den Innovationsprozess unter den vorgegebenen Arbeitsbedingungen erfolgreich zu steuern. Diese Phase des Innovationsprozesses ist besonders faszinierend und stellt die größte Herausforderung dar. Denn sie verlangt von uns, dass wir die verschiedenen Verhaltensmöglichkeiten in Organisationen einschätzen, mit ihnen arbeiten und auf diese Weise auch die Abläufe innerhalb einer Organisation besser verstehen lernen.

Zusammenfassung

> »Die wirkliche Entdeckungsreise besteht nicht darin, neue Länder zu entdecken, sondern neue Augen zu haben.«
>
> Nach Marcel Proust

Individuelle Kreativität erfordert Selbstvertrauen und zugleich ein ermutigendes, anspornendes Arbeitsumfeld, in dem Experimentieren und das überlegte Eingehen von Risiken gefördert werden. Kreativität kann so entwickelt werden, gerade auch bei jenen, die zu ihrer Kreativität kein Zutrauen haben. Engagement, um neue Ideen zu erproben, ist dabei ebenso gefragt wie Entschlossenheit, an die eigene Kreativität zu glauben.

Unternehmen können diese wichtige Fähigkeit fördern, indem sie ein Arbeitsumfeld schaffen, das freundlich, entgegenkommend und anspornend ist und selbstständiges Handeln fördert, Möglichkeiten für Kreativität bietet und gute Kommunikation erleichtert.

Kapitel 3

Zum Innovator werden

»Wir selbst müssen die Veränderung sein, die wir in der Welt sehen wollen.«
Nach Mahatma Gandhi

Kreativität entwickeln

Häufig ändern Menschen die Ziele ihrer Arbeit, die Arbeitsmethoden, ihre Zeitplanung, Vorgehensweisen, Abläufe, mit wem und wie sie Geschäfte machen. Es ist bemerkenswert, wie innovativ Leute beim Arbeitsplatzwechsel sind und ihre Aufgaben oft so umgestalten und verbessern, dass sie ihrer persönlichen Arbeitsweise entsprechen. Menschen, die die Gelegenheit haben, bei der Arbeit innovativ zu sein – also neue, verbesserte Arbeitsmethoden einzuführen – sind weitaus zufriedener mit ihrer Arbeit. Es ist auffällig, dass bei Führungskräften, deren Arbeitsplatzwechsel ihre Möglichkeiten reduziert, bei der Arbeit kreativ zu sein, mehr psychische Folgeschäden auftreten als bei Managern und Fachleuten, die vorübergehend arbeitslos wurden (Nicholson/West 1988).

Die Möglichkeit zur Kreativität stärkt die Zufriedenheit am Arbeitsplatz

Ähnliches gilt auch für Arbeiter. Forschungen weisen darauf hin, dass hohe Arbeitsansprüche, verbunden mit einem Mangel an Autonomie, einer der entscheidenden Gründe für den Stress ist, den Fließbandarbeiter erleben. Ihre Fähigkeit, kreativ zu sein und Eigenes in ihre Arbeitsorganisationen einzubringen, wird gehemmt. Die meisten Menschen haben das Bedürfnis, in ihrem Arbeitsleben kreativ zu sein, dies ist eine wichtige Quelle für die Zufriedenheit am Arbeitsplatz.

In diesem Kapitel werden einige Techniken vorgestellt, mit deren Hilfe man Kreativität bei der Arbeit entwickeln kann. Näher untersucht werden auch solche Techniken, die man für sich persönlich anwenden kann, um die eigene Kreativität zu steigern. Dazu gehören Entspannung, Fantasiereisen, Traumanalyse und »Achtsamkeit«.

Übung 8 ist eine einfache Methode, um sich bewusst zu machen, wie viel Raum Kreativität in letzter Zeit bei der Arbeit eingenommen hat.

Übung 8: Innovations-Tagebuch

Notieren Sie alle Innovationen, die Sie im vergangenen Jahr an Ihrem Arbeitsplatz eingeführt haben. Denken Sie daran, dass Innovation nicht bedeutet, dass man eine größere technologische oder administrative Veränderung vorgenommen hat. Innovation ist jede neue und weiterentwickelte Arbeitsmethode, die Sie eingeführt haben, die sich auf Ihre Tätigkeit auswirkt bzw. auf die der Personen, mit denen Sie zusammenarbeiten. Vielleicht waren auch Ihre Kunden davon betroffen, Ihre Kollegen oder Ihr Team.
Überlegen Sie, wie befriedigend es war, die Innovation erfolgreich verwirklicht zu haben, welche Erfolge und Schwierigkeiten Sie hatten und auf welche Widerstände Sie gestoßen sind. Diese Überlegungen werden Ihnen helfen, besser zu verstehen, dass Innovation häufig mit Konflikten und Widerständen verbunden ist, aber auch eine Quelle der Befriedigung sein kann: Ihre kreativen Aktivitäten haben zum Ziel geführt!

Innovationen des letzten Jahres:

1. --

Erfolge --

Schwierigkeiten --

Widerstände --

2. --

Erfolge --

Schwierigkeiten --

Widerstände --

3. --

Erfolge --

Schwierigkeiten --

Widerstände --

Techniken zur Förderung von Kreativität bei der Arbeit

Hier folgen nun einige Techniken, die Sie im Rahmen der täglichen Arbeit einsetzen können, um kreative Ideen zu entwickeln. Diese Techniken sind einfache Hilfen und nicht etwa »magische Quellen«, aus denen sich Lösungen hervorzaubern lassen. Kreativität besteht zu 95 Prozent aus harter Arbeit und zu fünf Prozent aus schöpferischen Einfällen. Mit einer passiven Einstellung funktioniert das nicht: Man kann nicht erwarten, dass sich als Folge dieser Techniken die richtigen Antworten wie durch Zauberei ergeben.

Die Techniken sollen Folgendes ermöglichen:

- einen neuen Umgang mit Problemen;
- unkonventionelle und ungewöhnliche Alternativen zu herkömmlichen Methoden;
- Hilfestellungen, um neue Denkmuster zu entwickeln.

Denken Sie daran: Kreativität heißt, hervorgebrachte Ideen so zu verändern, dass sie zu sachgemäßen Lösungen werden.

Technik 1: Einen Außenstehenden zu Rate ziehen

Diese Technik eignet sich besonders gut für die Phase der Problembeurteilung. In der Regel ist es für diejenigen schwierig, die besonders betroffen von einer Situation sind, einen Schritt zurückzutreten, um die Lage klar zu sehen. Daher geht es bei dieser Übung darum, mit einem Außenstehenden zu sprechen, um dadurch die Entscheidungsfindung voranzutreiben. Man muss einen Unbeteiligten finden und ihm die Art des Problems oder der Entscheidung erklären, mit dem man konfrontiert ist. Seine Aufgabe ist es, zu helfen, das Problem zu analysieren und zu klären. Er fragt nach, um mehr Informationen und Erklärungen zu erhalten. Anfangs bemüht er sich, keine Lösungen oder Ideen für das weitere Vorgehen anzubieten.

Besonders hilfreich ist es, jemanden auszuwählen, der in einem ganz anderen Bereich des Unternehmens arbeitet. Dann müssen wir nämlich das Problem ausführlicher und genauer darlegen. Erklärt man jemandem ein Problem, der nicht mit diesem Arbeitsgebiet vertraut ist, kann das dazu führen, dass man selbst auf einmal besser versteht, welche Schritte in dieser Lage angemessen sind. Man muss das Problem in Worte fassen, deutlich machen und systematisch darstellen. Oft wird das Problem dann viel klarer. Außerdem wird der Außenstehende vielleicht »naive« Fragen stellen, die uns dazu bringen, unsere ursprünglichen Ansichten zu überdenken. Und schließlich kann es schon an sich sehr hilfreich sein, sich die Zeit zu nehmen, mit einem anderen Menschen über das Problem zu sprechen.

Eine geeignete Vorgehensweise in Unternehmen besteht darin, jedem zwanzig Minuten Zeit zu geben. Person A stellt ihr Problem dar, während Person B zwanzig Minuten als »der Externe« (als Berater) fungiert. Anschließend erklärt Person B, worin ihr Problem besteht, und Person A nimmt die Rolle des Beraters ein. So hat jeder gleich viel Zeit, seine besondere Situation zu analysieren und darzulegen.

In der zweiten Phase der Problemlösung wird der »Externe« gefragt, ob er eine besondere Idee hat oder weiß, wie man vorgehen könnte. Während der letzten fünf Minuten der Übung ist der Berater aufgefordert, eine spezielle Lösung oder ein Vorgehen vorzuschlagen. Es ist allerdings Sache desjenigen, der das Problem hat, mit diesem Vorschlag etwas anzufangen. Die Meinung des Beraters – und wenn sie auch noch so ausgefallen sein mag – wird daraufhin geprüft, ob Aspekte dazu genutzt werden können, neue und brauchbare Ideen zu entwickeln.

Bei dieser Übung wird vorausgesetzt, dass jemand, dem die Situation fremd ist, möglicherweise ein anderes »Paradigma« hat, das bei der Entwicklung neuer kreativer Alternativen hilfreich sein kann.

Man kann das natürlich auch am Telefon machen, aber ein Treffen in entspannter Atmosphäre ist meistens effektiver. Ein Treffen im Monat muss nicht mehr als ein oder zwei Stunden Zeit in Anspruch nehmen, und diese Zeit ist gut genutzt. In wissenschaftlichen Untersuchungen wurde nachgewiesen, dass Menschen, die sich die Zeit nehmen, Probleme gründlich zu untersuchen und zu klären, in ihrem Vorgehen sehr viel effektiver sind.

Technik 2: Kreative Energie in die Arbeit einbringen

Mit Hilfe dieser Übung können Sie mit mehr Energie und Kreativität auf Herausforderungen und Veränderungen reagieren. Entscheidend ist dabei, dass Sie wissen, was Sie motiviert. Dann können Sie überlegen, wie sich diese besondere Motivation auf Ihre Arbeit übertragen lässt. Man kann diese Übung allein oder – noch besser – zu zweit ausführen.

Wenn man diese Übung paarweise durchführt, übernimmt einer die Rolle des Klienten und der andere die des Beraters. Der Berater stellt offene Fragen und notiert sich die Antworten. Anschließend werden sie dem »Klienten« zur Verfügung gestellt, damit er darüber nachdenken kann. Jeder ist etwa zwanzig Minuten Klient und nach dem Rollentausch Berater.

Zu dem Beratungsgespräch gehören vier Themenkomplexe:

- Welche Beschäftigung macht Ihnen wirklich Spaß (egal aus welchem Bereich Ihres Lebens)? Welche Tätigkeit gibt Ihnen das Gefühl eins mit sich zu sein, sich selbst wirklich zu fühlen oder viel zu bewirken?
- Warum ist diese Beschäftigung so etwas Besonderes für Sie? Warum macht Sie Ihnen so viel Freude? Was ist für Sie das Wesentliche bei dieser Aktivität?
- Wie könnten Sie das, was diese Tätigkeit ausmacht, in Ihr Arbeitsleben übertragen, damit Sie kreativer und effektiver sein können? Wie könnten Sie einiges in Ihrer Arbeit so ändern, dass das, was Sie bei dieser angenehmen Tätigkeit erleben, in ihr Arbeitsleben integriert werden kann?
- Was können Sie daraus für Ihr Verständnis von Kreativität und Energie bei der Arbeit lernen?

Das folgende Beispiel macht deutlich, wie diese Übung neue Sichtweisen eröffnen kann: über unsere Arbeit sowie über das, was in unserem Leben wichtig ist.

Berater: Welche Aktivität in Ihrem Leben macht Ihnen besonders Spaß?

Klient: Ich genieße es sehr, wenn ich in der freien Natur joggen kann, zum Beispiel in den Bergen oder die Klippen entlang.

Berater: Warum ist das etwas Besonderes für Sie?

Klient: Ich finde dieses Gefühl herrlich, frei und nur auf mich selbst angewiesen zu sein. Ich bin draußen – in der Natur – auch entspannter. Ich genieße die frische Luft und fühle mich wohl.

Berater: Wie könnten Sie manche dieser Erlebnisqualitäten in Ihre Arbeit übertragen, beispielsweise Freiheit, Wohlbefinden, Unabhängigkeit und Natürlichkeit der Umgebung?

Klient: Das ist schwierig, aber ich könnte versuchen, mehr Projekte allein durchzuführen, sodass ich nicht bei allem von anderen abhängig wäre. Ich könnte einiges dafür tun, mein Büro schöner zu gestalten: ich könnte Bilder aufhängen und Pflanzen hinstellen. Ich denke, ich könnte mir eigentlich auch mehr Zeit nehmen, um im Büro öfter mal zu entspannen, anstatt mich selbst ständig unter Druck zu setzen und mir nie Zeit zu nehmen, mal eine Pause einzulegen und auch anzuerkennen, was ich geleistet habe. Ich tue das oft, wenn ich jogge, aber bei meiner Arbeit mache ich es nicht. Ich könnte mir hin und wieder eine Pause gönnen, um einen kurzen Spaziergang zu machen. Dabei würde ich an die frische Luft kommen und etwas von der Natur sehen, wie den Park ganz in der Nähe meines Büros.

Berater: Was wird Ihnen daran grundsätzlich über Ihre Kreativität und Energie bei der Arbeit deutlich?

Klient: Nun, ich gehe wirklich völlig in der Arbeitsroutine auf und denke nicht darüber nach, wodurch ich mehr Energie bekommen oder was die Arbeit spannender und angenehmer machen könnte. Mir ist eben erst klar geworden, was mir am Laufen besonders gefällt: die Herausforderung, wie weit ich wohl komme, ob ich es sogar einen der höheren Berge hinauf schaffe. Ich müsste bei meiner Arbeit umdenken und Dinge, die ich als große Probleme empfinde, als Herausforderungen oder als lange Strecken betrachten. Wenn ich mir selbst Ziele setze und sie als Herausforderung und nicht als Bedrohung verstehe, wäre ich in meiner Arbeit effektiver, energischer und kreativer.

Technik 3: Freies Assoziieren

Beliebige Denkanstöße und freie Assoziationen können helfen, aus Paradigmen oder gewohnten Denkweisen auszubrechen. Mit dieser Methode können Sie das erreichen. Am einfachsten ist es, wenn Sie dafür ein Wörterbuch benutzen.

Suchen Sie sich einen Arbeitsbereich aus, in dem Sie gerne neue Ideen entwickeln würden. Schreiben Sie in klaren Worten auf, worum es sich bei dem Problem handelt. Öffnen Sie aufs Geratewohl das Wörterbuch und legen Sie – wieder zufällig – Ihren Finger auf irgendein Wort. Überlegen Sie, ob Sie zu diesem Wort irgendwelche Ideen assoziieren, die auch nur entfernt von Bedeutung für den Arbeitsbereich sein könnten, um den es geht. Schreiben Sie das ausgewählte Wort sowie alle Ideen auf, die Ihnen dazu einfallen. Das erleichtert es Ihnen, auf neue Möglichkeiten zu stoßen, wie man die Situation anders betrachten kann.

Diese Technik soll Spaß machen und die Kreativität anregen, aber man sollte sich dann auch bemühen, den Denkanstoß zu nutzen, um neue Ideen zu finden. Erinnern Sie sich: Kreativität besteht nur zu fünf Prozent aus »Heureka!« (Altgriech.: Ich hab's gefunden! Anm. d. Übersetzerin) und zu 95 Prozent aus harter Arbeit.

So können Sie bei der Auswahl von Stellenbewerbern effektiver vorgehen:

Zufällig gefundenes Wort: »Du«

Assoziierte Idee: Der Gesprächspartner. Lassen Sie mehr den Bewerber fragen nach der Arbeit, dem Führungsstil usw. So können Sie mehr als in einem »üblichen« Bewerbungsgespräch, wo der Bewerber befragt wird, darüber erfahren, was der Bewerber über das Unternehmen denkt, was ihn besonders an der Arbeit interessiert.

Zufällig gefundenes Wort: »Oberschenkel«

Assoziierte Idee: Bewegung. Fragen Sie die Bewerber, ob sie Sport treiben. Denn es besteht ein Zusammenhang zwischen Belastbarkeit am Arbeitsplatz und körperlicher Fitness. Es weist auch einiges darauf hin, dass Leute, die körperlich fit sind, bei der Arbeit bessere Leistungen erbringen.

Zufällig gefundenes Wort: »halsstarrig«

Assoziierte Idee: Auseinandersetzung. Bitten Sie die Bewerber, kurz zu umreißen, wie sie mit schwierigen oder aggressiven Leuten umgehen würden. So erhalten Sie einen Eindruck davon, wie das soziale Verhalten der Bewerber bei der Arbeit aussieht.

Zufällig gefundenes Wort: »Beobachtung«

Assoziierte Idee: Geben Sie den Kandidaten eine Aufgabe, die sie in einer Gruppe erledigen müssen. Setzen Sie beispielsweise Techniken ein, die man im Assessment Center benutzt, um die Leistung der Bewerber in gruppen- und aufgabenorientierten Situationen zu beobachten.

Jede der drei beschriebenen Techniken zeigt ein anderes, aber wichtiges Element der Kreativitäts- und Innovationsprozesse bei der Arbeit. Die erste konzentriert sich auf die Bedeutung des Paradigmenwechsels und der Entdeckung neuer Perspektiven. Die zweite macht deutlich, dass für Kreativität und Innovation bei der Arbeit Energie nötig ist, und die dritte zeigt, dass man Bilder, Metaphern oder Analogien benutzen kann, wenn man über Innovationen nachdenkt. Tatsächlich weisen wissenschaftliche Untersuchungen darauf hin, dass kreative Menschen häufiger Metaphern und Bilder in ihrem Denken und Reden gebrauchen.

Auch hier ist es wie mit jeder anderen Fähigkeit, die wir einsetzen:

- Man muss sich Zeit nehmen, um zu üben;
- Strategien entwickeln, wie man kreative Ideen entdecken kann;
- Kraft und Energie einsetzen, um kreative Prozesse »in Gang« zu bringen.

Eine dreitägige Fortbildung, die man alle vier oder fünf Jahre einmal macht, wird die Kreativität kaum anregen. Um das kreative Potential zu stärken und davon zu profitieren, muss man sich Zeit nehmen, Schritte zu erarbeiten, mit denen man Kreativität und Innovation fördern kann. Man muss sich auch Zeit nehmen, um Arbeitsprobleme auf kreative Weise zu durchdenken.

Wir schauen uns nun daher eine weitere Möglichkeit an, allerdings mit ganz anderer Ausrichtung, die von grundlegender Bedeutung für eine kreative Problemlösung ist.

Kreative Lösungen »kommen« lassen

In der Arbeitswelt wird zunehmend problematisch, dass die Anforderungen an die Einzelnen steigen, aber gleichzeitig Stellen abgebaut werden. Leistungsmanagement-Systeme, höhere Zielvorgaben und schlankere Organisationen – all dies verlangt mehr von den Arbeitnehmern. Oft wird versucht, das Engagement der Mitarbeiter in Unternehmen auf ein Niveau zu heben, das beinahe ungesund ist. Der daraus resultierende Stress ist vergleichbar mit den Folgen, die auftreten, wenn man ein Auto lange bei hoher Geschwindigkeit im ersten Gang fährt. Menschen sind nicht dafür geschaffen, ständig »mit Vollgas zu fahren«. Wir brauchen Zeit zum Ausruhen, zur Regeneration, zur Erfrischung und Stille. Wir brauchen den inneren Frieden, aus dem Kreativität hervorgehen kann.

In vielen Bildungseinrichtungen und Unternehmen konzentriert man sich weitgehend darauf, durch konvergentes Denken und den Glauben an richtige Lösungen Produktivität und Leistung zu steigern. Daher überrascht es nicht, dass so viele von uns Probleme aktiv und lösungsorientiert angehen. Charakteristisch für diese Art des Findens kreativer Lösungen ist: Bemühen, Konzentration, harte Arbeit und das Streben, korrekte Antworten oder kreative Lösungen hervorzubringen. Mit folgenden Wörtern kann man dieses Herangehen beschreiben: aktiv, drängend, energisch, ergebnisorientiert, kämpferisch, resolut, verbissen, beharrlich und fixiert.

> »Wer Großes will, muss sich zusammenraufen.«
>
> Johann Wolfgang von Goethe

Man kann allerdings auch ganz anders darangehen, kreative Lösungen zu entdecken. Bei diesem Ansatz geht es darum, »kommen zu lassen«. Dabei nähert man sich Problemen, Lösungen und kreativen Optionen ruhig, entspannt und intuitiv. Dieser Ansatz wird in Unternehmen nur selten eingesetzt. Er geht davon aus, dass wir viele kreative Fähigkeiten haben und sie uns jederzeit zur Verfügung stehen, ungeachtet dessen, ob uns bewusst ist, um welche Lösungen wir uns bemühen.

Bei diesem Verständnis von Kreativität »erspürt« man Lösungen durch Intuition oder Bilder und Fantasien. Man ist entspannt und greift auf

Erfahrungen wie Traumreisen zurück oder übt sich in Meditationstechniken. Dieser Ansatz lässt sich wie folgt umschreiben: Intuition, Annahme, Stille, Ruhe, Meditation, Offenheit, Achtsamkeit, das Unbewusste, entspannte Wachsamkeit, Aufgeschlossenheit, Spontaneität, Spaß, Verspieltheit, Im-Fluss-sein.

Im Folgenden werden einige der Techniken beschrieben, mit denen man diese innere Haltung zur Entwicklung kreativer Reaktionen einüben kann.

Entspannungsübungen

Wissenschaftliche Untersuchungen haben gezeigt, dass das Erregungsniveau bei Menschen, die sich bedroht fühlen, ärgerlich oder ängstlich sind, schnell ansteigt, aber nur langsam wieder zu seinem Ausgangspunkt zurückkehrt. Stress bei der Arbeit kann dazu führen, daß man sich unsicher und unter Druck fühlt. Unter solchen Bedingungen werden die kreativen Fähigkeiten unterdrückt. Regelmäßige Entspannungsübungen können die Wirkungen abfangen, die entstehen, wenn uns unser Umfeld besonders belastet. Außerdem versetzen sie Menschen in die Lage, ihr kreatives Potenzial besser zu entwickeln. Nehmen Sie sich nun Zeit für die folgende Übung 9 (Seite 59).

Bilder benutzen

Metaphern und Bilder können eingesetzt werden, um unterschiedliche Sichtweisen zu eröffnen. Eine Möglichkeit, Kreativität zu entwickeln, besteht darin, zu üben, mit Sprache kreativ umzugehen. Kreative Metaphern sind anders als die Klischees der Alltagssprache, bei denen wir uns keine Gedanken machen (zum Beispiel: »schnell wie der Blitz«, »steinhart«, »eine Bestie von Mensch«).

Wir können lernen, in unserer Sprache originelle Metaphern und Bilder zu gebrauchen. Auf diese Weise werden wir kreativer im Denken und im alltäglichen Sprachgebrauch. Beispielsweise: »Der tägliche Weg von der Arbeit nach Hause durch den Park ist so erfrischend wie ein Wasserfall im Gebirge. Dann komme ich nach Hause und gerate in einen Schwall von Kinderstimmen und eine Woge von Körpern.« »Sich bei der Arbeit

Übung 9: Körperliche Entspannung

Suchen Sie sich zum Üben einen ruhigen Ort, an dem Sie nicht gestört werden, und nehmen Sie sich 10 bis 20 Minuten Zeit, um sich zu entspannen. Diese Übung kann im Liegen oder Sitzen durchgeführt werden – je nachdem, was am bequemsten für Sie ist.

Schließen Sie die Augen. Sitzen Sie etwa eine Minute lang ganz ruhig da und lassen einfach das Gefühl der Stille auf sich wirken. Anschließend wenden Sie Ihre Aufmerksamkeit Ihren Füßen zu und fühlen, wie diese sich entspannen. Lassen Sie alle Anspannung los.

Bei dieser Übung sollte man sich immer wieder daran erinnern, dass man keinen bestimmten Grad an Entspannung erreichen muss. Entspannung ist eine natürliche Reaktion. Wenn man sich zwingen will, sich zu entspannen, tut man genau das Gegenteil von dem, was beabsichtigt ist. Die eigentliche Kunst bei dieser Übung besteht darin zu lernen, sich nicht zu bemühen, sondern loszulassen. Wir alle sind es gewohnt, gleich beim ersten Mal alles unbedingt richtig machen zu wollen, aber bei dieser Art der Übung gibt es kein Bemühen oder Erzwingen; man lässt es einfach geschehen.

Achten Sie nun auf Ihre Wadenmuskeln – und einfach dadurch, dass Sie mit Ihrer Aufmerksamkeit dort bleiben, lassen Sie wieder alle Anspannung los. Fühlen Sie, wie die Muskeln sich entspannen. Fahren Sie in dieser Weise fort, lenken Sie Ihre Aufmerksamkeit auf die verschiedenen Körperregionen – und spüren Sie, wie sich jeder Teil entspannt:

Knie, Oberschenkel, Beckenbereich, unterer Rückenbereich, mittlerer Rückenbereich, oberer Rückenbereich, Brust und Bauch, Finger, Handflächen, Handgelenke, Unterarme, Ellbogen, Oberarme, Schultern, Unterkiefer, Lippen, Hals, Gesicht einschließlich der Wangen und der Nase, Augen, Stirn, der restliche Kopfbereich.

Indem Sie Ihre Aufmerksamkeit so den verschiedenen Körperteilen zuwenden und dort jeweils kurz verweilen lassen, können Sie fühlen, wie Spannung und Verspannungen nachlassen. Zuletzt atmen Sie dreimal tief ein, und bei jedem Ausatmen – atmen Sie tief aus – fühlen Sie, wie Sie sich noch tiefer entspannen. Dann sollten Sie drei oder vier Minuten stillsitzen und einfach die Ruhe, den Frieden und die Wärme genießen, die mit tiefer Entspannung verbunden sind. Wenn Sie bereit sind, bewegen Sie sich vorsichtig in Ihrem Sessel und strecken sich; so bringen Sie Ihren Körper allmählich in die Aktivität und Bewegung zurück. Wenn Sie dann so weit sind, öffnen Sie langsam die Augen – immer ein bisschen weiter –, so als würden Sie zuschauen, wie es allmählich Tag wird.

Man kann diese Übung ein- oder zweimal am Tag machen. Mit der Zeit wird es viel leichter, die Entspannung zu spüren.

auch noch dauernd mit dem Beziehungsroulette der Leute zu befassen, kann reichlich lästig sein.« »Den ganzen Tag erledige ich meine Aufgaben so, als würde ich einen Tennisball nach dem anderen retournieren.«

Wir können Metaphern oder Analogien benutzen, um neue Ideen hervorzubringen. Wir können aber auch noch weiter gehen und Übungen machen, die unsere Fantasie stärken. Hierbei geht es darum, innere Bilder entstehen zu lassen, während Sie sich entspannen und loslassen, – und dann zu sehen, ob diese Bilder Ihnen helfen können, das spezielle Problem, mit dem Sie konfrontiert sind, besser zu verstehen. Wenn man eine abwartende Haltung einnimmt und Bilder einfach kommen lässt, kann es sein, dass die Symbole oder Bilder, die auftauchen, nichts zu dem Problem »sagen«, mit dem Sie sich eigentlich befassen wollten. Aber diese Bilder könnten sich auf ein anderes, wichtiges Problem in Ihrem Leben oder Ihrer Arbeit beziehen. Das Entscheidende bei diesem passiven, intuitiven Angehen von Problemen besteht darin, dass es nicht vom Ziel her bestimmt ist. Vielleicht beschäftigt Sie zur Zeit ein tiefer liegendes Problem viel mehr, zu dem diese Bilder etwas ausdrücken.

Probieren Sie nun Übung 10 aus.

Übung 10: Fantasiereise

Nehmen sie sich ungefähr 20 Minuten Zeit, um zu entspannen und dabei den Gebrauch der Fantasie zu üben, um kreative Lösungen zu finden. Sie können das erste Mal auch jemanden bitten, Ihnen die Anweisungen langsam vorzulesen.

- Setzen oder legen Sie sich bequem hin, und schließen Sie die Augen.
- Stellen sie sich vor, dass Sie an einem warmen Sommertag auf einer sehr schönen Wiese sind. Machen Sie sich bereit, zu einem Berg in der Ferne zu wandern.
- Machen Sie sich auf den Weg, und freuen Sie sich an dem, was Sie während Ihrer Wanderung sehen: Bäume, Blumen und Tiere.
- Nach einer Weile stoßen Sie auf ein Anwesen.
- Schauen Sie sich das Anwesen genau an – was ist das für ein Ort? Gehen Sie in das Haus hinein, und nehmen Sie sich einige Minuten Zeit, um herauszufinden, wie es innen aussieht. Achten Sie auf Gegenstände, Menschen und Tiere.

Übung 10 (Fortsetzung)

- Nachdem Sie das Anwesen gründlich ausgekundschaftet haben, machen Sie sich wieder auf den Weg zu dem Berg.
- Wenn Sie am Fuß des Berges ankommen, finden Sie dort einen Gegenstand. Untersuchen Sie diesen Gegenstand genau – was sagt er Ihnen? Was können Sie mit ihm anfangen? Nehmen Sie sich Zeit, ihn anzuschauen. Entscheiden Sie, ob Sie diesen Gegenstand dort lassen, wo Sie ihn gefunden haben, oder ihn mit auf Ihre Wanderung nehmen wollen.
- Gehen Sie nun wieder weiter.
- Nachdem Sie etwa die Hälfte des Aufstiegs hinter sich haben, finden Sie einen weiteren Gegenstand. Schauen Sie sich ihn gründlich an. Nehmen Sie sich wieder einige Minuten Zeit dafür. Entscheiden Sie, ob Sie den Gegenstand mit auf den Berg nehmen oder dort lassen wollen, wo er ist.
- Auf dem Berggipfel finden Sie einen dritten Gegenstand. Wieder untersuchen Sie diesen ganz genau. Überlegen Sie, was er Ihnen sagt und was Sie mit ihm anfangen können.
- Freuen sie sich an dem Anblick des Berges und an der Aussicht, die sich vom Gipfel aus bietet.
- Dann treffen Sie einen weisen Menschen, der Ihnen vielleicht etwas zu sagen hat, das sich auf das Problem bezieht, mit dem Sie zur Zeit konfrontiert sind.
- Begrüßen Sie den Weisen, hören Sie genau hin, was er Ihnen zu sagen hat.
- Verabschieden Sie sich von dem Weisen, und machen Sie sich bereit, zur Wiese zurückzukehren.
- Treten Sie den Rückweg an.
- Der Weg ist diesmal viel einfacher, und mit jedem Schritt fühlen Sie sich erfrischter. Sie kommen wieder bei der Wiese an und genießen das Gefühl des Friedens, der Ruhe und Erholung.
- Wenn Sie so weit sind, öffnen Sie langsam die Augen.

Denken Sie nun über die Bilder und Symbole nach, die auf dieser Fantasiereise heraufbeschworen wurden. Könnten einige dieser Bilder Sie zu kreativen Ideen oder Lösungen für Ihr gegenwärtiges Problem inspirieren? Nehmen Sie diese Bilder ernst und denken Sie in aller Ruhe darüber nach, wie wichtig diese Bilder möglicherweise für Sie sind. Schreiben Sie die Einzelheiten Ihrer Wanderung auf (oder malen Sie ein Bild), und schauen Sie, ob Sie beim Nachdenken über diese Einzelheiten brauchbare Anregungen für kreative Lösungen finden.

Die Geschichte von F.A. Kekulé von Stradonitz, der die Struktur des Benzol-Moleküls entdeckte und die Tabelle der chemischen Elemente erstellte, dient oft als Beispiel für die Bedeutung, die bildhaften Vorstellungen zukommt. Nachdem der Wissenschaftler sich sehr bemüht hatte, die Struktur des Benzol-Moleküls zu verstehen, stellte er sich eines Abends, als er vor dem Kamin saß, vor, wie sich Schlangen gegenseitig jagen. Nach einer Weile malte er sich aus, wie sich die Schlangen bei ihrer Jagd in die eigenen Schwänze beißen, und so kam er auf die Idee, dass das Benzol-Molekül eine geschlossene Struktur darstellte. Das war die Lösung.

Traumbilder

Erfolgreiche Führungskräfte und Experten in Großunternehmen zeigen eine bemerkenswerte Offenheit dafür, unkonventionelle Methoden zur Entwicklung ihrer eigenen Kreativität zu nutzen. Wahrscheinlich liegt dies daran, dass sie Innovationen vonseiten ihrer Belegschaft großes Gewicht beimessen.

Bei Großunternehmen wie beispielweise British Petrol und IBM habe ich folgende Technik eingesetzt: Ich ermutigte die Fachleute, ihr Unbewusstes und ihre Trauminhalte zu erforschen. Sie wurden zum Beispiel aufgefordert, mittels ihrer Träume zu entdecken, welche tiefere Bedeutung hinter der folgenden Buchstabenkette steht:

H I J K L M N O

Sie wurden gebeten, sich vor dem Einschlafen eingehend mit diesem Problem zu beschäftigen. Am nächsten Morgen sollten sie herausfinden, ob ihre Träume ihnen irgendwelche Hinweise gegeben hatten. In vielen Fällen waren diese Leute in der Lage, spezielle Probleme mit Hilfe ihrer Traumbilder zu lösen. Die Lösung zu dem Problem-Beispiel ist H_20 (H to O!) oder »Wasser« (Anm. d. Übers.: »Von H bis O«, englisches Wortspiel mit »H two O«, also »H zwei O«.) Viele Teilnehmer unseres Workshops berichteten, dass in ihren Träumen Bilder von Wasser vorgekommen seien. Einige sahen einen Zusammenhang zwischen diesen Bildern und dem Rätsel. So fanden einige spontan die Lösung.

Um sich an Träume erinnern zu können, ist es hilfreich, sich vor dem Einschlafen vorzusagen: »Ich werde mich an meine Träume erinnern«. Halten Sie einen Notizblock und Stift neben dem Bett bereit, sodass Sie Einzelheiten Ihrer Träume aufschreiben können, wenn Sie aufwachen. Wenn wir aus Träumen erwachen, sind wir sehr oft überzeugt davon, dass wir uns am Tag erinnern werden, aber eine weitere Schlafphase scheint unsere Erinnerungen auszulöschen. Ein Notizbuch auf dem Nachttisch kann uns ermutigen, unsere Traumbilder festzuhalten. Nachdem man dies drei oder vier Nächte hintereinander gemacht hat, kann man sich garantiert an einzelne Trauminhalte erinnern.

Träume werden in vielen Kulturen sehr ernst genommen. In den westlichen industrialisierten Kulturen allerdings, in denen die Bedeutung des Unbewussten bei der Problemlösung heruntergespielt wurde, hat man den Wert von Träumen vernachlässigt. Traumbilder können dazu dienen, verborgene Antworten auf unklare Probleme aufzuzeigen.

Mozart: eine Fallstudie in Kreativität

Die Anregung zu kreativen Lösungen kann aus jedem beliebigen Lebensbereich kommen. Eine der Leidenschaften Mozarts war Billard. Während er spielte, sah er dem Spiel der Kugeln zu und lauschte den wechselnden Rhythmen und Klangmustern, die von den Billardkugeln verursacht wurden, während sie auf die Bande oder andere Kugeln trafen. Hier erhielt er neue Ideen für seine musikalischen Schöpfungen.

Meditation

Meditation ist eine Methode, die Entspannung zu vertiefen und die Wahrnehmungsfähigkeit für die Umwelt zu sensibilisieren. Einige wissenschaftliche Untersuchungen weisen darauf hin, dass Meditation die Kreativität fördert. Viele Forscher betonen dabei die Bedeutung von »Achtsamkeit«, um das Bewusstsein für die wesentlichen Probleme zu fördern. Sonst ist die Gefahr groß, dass man vor lauter Einzelheiten das Ziel aus den Augen verliert.

Was ist Meditation?

Eines Tages sagte ein Mann aus dem Volk zu dem Zen-Meister Ikkyu: »Meister, würdest du mir einige der höchsten Weisheitsregeln aufschreiben?«

Sogleich nahm Ikkyu seinen Pinsel und schrieb das Wort »Aufmerksamkeit«.

»Ist das alles?«, fragte der Mann. »Willst du nicht noch etwas hinzufügen?«

Daraufhin schrieb Ikkyu zweimal hintereinander: »Aufmerksamkeit. Aufmerksamkeit.«

»Nun«, sagte der Mann ziemlich ungehalten, »ich kann wirklich keinen tiefen Sinn oder eine verborgene Bedeutung in dem erkennen, was du gerade geschrieben hast.«

Da schrieb Ikkyu das gleiche Wort dreimal hintereinander: »Aufmerksamkeit. Aufmerksamkeit. Aufmerksamkeit.«

Leicht verärgert verlangte der Mann zu wissen: »Was bedeutet dieses Wort ›Aufmerksamkeit‹ überhaupt?«

Und Ikkyu antwortete freundlich, »Aufmerksamkeit bedeutet Aufmerksamkeit« (Kapleau 1980).

Im Grunde erklärte der Zen-Meister, was Meditation ist: nichts anderes als lernen, achtsam und aufmerksam zu sein.

Die in Übung 11 beschriebene Atemübung ist eine einfache Einführung in die Meditationspraxis. Beginnt man Meditation innerlich offen und ohne bestimmte Erwartungen, kann sie Aufgeschlossenheit, Bewusstsein und Offenheit für den Reichtum an Bildern und Erfahrungen fördern, die kreatives Entdecken ermöglichen.

Übung 11: Eine einfache Meditationsübung

Schließen Sie Ihre Augen. Genießen Sie für einen Augenblick die Ruhe und Stille, und wenden Sie dann Ihre Aufmerksamkeit Ihrem Atem zu.

Achten Sie einfach nur auf Ihren Atem. Sie können Ihren Bauch beobachten, wie er sich mit dem Atem bewegt; oder Ihren Brustkorb, wie er sich hebt und senkt; wie Sie den Atem in Ihrer Kehle oder Ihren Nasenlöchern spüren; oder wie es sich anfühlt, wenn der Atem durch Ihre Nasenlöcher ein- und wieder ausströmt. Es ist nicht wichtig, wo Sie Ihrem Atem folgen – einfach dort, wo es sich angenehm anfühlt.

Achten Sie weiterhin auf Ihren Atem, und bei jedem Ausatmen sagen Sie still für sich das Wort »eins«.

Es ist nicht nötig, dass Sie sich die ganze Zeit auf Ihren Atem konzentrieren und das Wort »eins« sagen. Vermutlich werden Ihre Gedanken immer mal wieder abschweifen, oder ein Geräusch lenkt Sie ab. Wenn Sie merken, dass Sie innerlich abgeschweift sind, gehen Sie langsam wieder dazu über, Ihrem Atem zu folgen und das Wort »eins« zu wiederholen. Denken Sie daran, dass Sie nichts erzwingen müssen. Seien Sie einfach ruhig und gelöst.

Gehen Sie mit störenden Gedanken oder Geräuschen ganz offen und gelassen um. Solche Gedanken ziehen vorbei wie Wolken am Himmel. Sie müssen sie nicht wegtreiben, aber auch nicht festhalten. Sehen Sie einfach zu, wie sie kommen und gehen. Wenn Sie sich dann wieder bereit fühlen, gehen Sie ganz entspannt dazu über, ihrem Atem zu folgen und das Wort »eins« zu sagen.

Dieses offene, gelassene, bejahende Bewusstsein für den Atem ergibt eine Grundlage für den meditativen Prozess. Die Konzentration auf den Atem sorgt für eine wichtige, aber nicht zu strenge Disziplin bei der Meditationsübung.

Die Praxis dieser Atemmeditation ist auf der ganzen Welt verbreitet. Übt man täglich ein- oder zweimal für zehn Minuten eine solche Meditationstechnik, wird man entspannter und möglicherweise auch kreativer.

Achtsamkeit

> »Die Gegenwartsbezogenheit eines Menschen zeigt sich an seiner Aufgeschlossenheit für und in besonderen Situationen.«
>
> Kahn 1992

Achtsamkeit bedeutet, auf andere Menschen zu achten, auf die Arbeitsumstände, auf die eigenen Gefühle und Empfindungen, auf die Art des Arbeitsumfelds und auf das Gesamtziel. Eine offene, bejahende und zugleich disziplinierte Haltung der Achtsamkeit – durch die man unbeirrt offen bleibt für die Erfahrungen, die man bei seiner Arbeit im Hier und Jetzt macht – kann dazu führen, dass unsere Intuition vertieft wird und wir Probleme am Arbeitsplatz unvoreingenommener angehen. Wir werden uns weniger von Verteidigungsmechanismen und Vermeidungsstrategien leiten lassen.

In Meetings ist die innere Haltung der Achtsamkeit eine gute Möglichkeit, nicht nur das wahrzunehmen, was in der Diskussion gesagt wird, sondern auch das, was untergründig abläuft. Reden die Leute wirklich nur über arbeitsbezogene Themen, oder konkurrieren sie auch um Macht und Ansehen? Sprechen die Leute, um sich selbst zu hören, oder weil sie gute und brauchbare Ideen beitragen wollen? Ist meine eigene Teilnahme am Meeting konstruktiv? Dieses gegenwartsbezogene Bewusstsein ist eine unschätzbare Quelle für Kreativität. Es ist gekennzeichnet durch Aufmerksamkeit, Kommunikationsvermögen, eine integrierte Persönlichkeit (physisch, intellektuell und emotional) und Zielgerichtetheit.

Zusammenfassung

»Bewahre dir die Haltung ›Ich weiß nichts‹. Bewahre dir nur die Haltung ›Ich weiß nichts‹.«

Zen Sprichwort

In diesem Kapitel wurden Techniken zur Entwicklung von Kreativität beschrieben. Einige konzentrieren sich darauf, den kreativen Prozess voranzutreiben durch das Aufgreifen von Anregungen aus ganz unterschiedlichen Bereichen, den Gebrauch von Analogien und den Einsatz von Zeit und Energie zur Problemanalyse. Auch ein anderer Ansatz wurde vorgestellt: Probleme und Fragen »loszulassen«, damit intuitive und tiefe kreative Prozesse sichtbar werden können.

Allerdings ist klar, dass es bei der Umsetzung von Innovationen in der Arbeitswelt nicht nur um den Einzelnen geht. Ein einzelner Innovator ist ein einsamer Revolutionär. Revolutionäre Parteien mit nur einem Mitglied sind selten erfolgreich. Kleine Gruppen jedoch, die sich einer Vision verschrieben haben, können ein hohes Maß an Veränderung bewirken. Im nächsten Kapitel werden wir uns damit beschäftigen, wie Teams Innovationen herbeiführen können, und wie die Bildung kleiner, engagierter Teams zu bahnbrechenden Veränderungen in Unternehmen führen kann.

Bevor wir dazu kommen, sollten Sie versuchen, mit Hilfe der Übung 12 einzuschätzen, wie innovativ Sie bei Ihrer Arbeit sind.

Übung 12: Wie innovativ sind Sie bei Ihrer Arbeit?

Der folgende Fragebogen untersucht, wie Sie Innovationen und Veränderungen bei Ihrer Arbeit beurteilen. Wie weit können Sie den folgenden Aussagen zustimmen?

	Überhaupt nicht	**Nicht**	**Ich bin mir nicht sicher**	Ja	Unbedingt
	1	2	3	4	5
Ich versuche, verbesserte Arbeitsmethoden einzuführen.					
Meine Ideen verbessern entscheidend die Ausführung meiner Arbeit.					
Ich schlage meinen Kollegen neue Arbeitsmethoden vor.					
Ich trage zu Veränderungen in der Arbeit meines Teams bei.					
Ich bin offen für neue Ideen, die ich nutzen kann, um meine Arbeit zu verbessern.					

Zählen Sie nun Ihre Punkte zusammen.

Die durchschnittliche Punktzahl auf dieser Skala war bei einer Untersuchung von 250 männlichen und weiblichen Angestellten 19,0. Wenn Sie 20 oder mehr Punkte erreichen, haben Sie eine hohe Bereitschaft zu innovieren. (Nach Burningham/West 1995)

Kapitel 4

Kreativität und Innovation in Teams

»Die entscheidende Führungseigenschaft ist, dass man ein Ziel hat. Man muss sich seiner Sache sicher sein.«
Nach Theodore Hesburgh

Viele Unternehmen reagierten auf zunehmende Schwierigkeiten und Veränderungen, indem sie das Team zur Funktionseinheit ihres Unternehmens machten. Nicht mehr jeder Einzelne ist für Arbeitsabschnitte verantwortlich, es kommen Einzelne in Gruppen zusammen, um gemeinsam Ziele zu erreichen. Unternehmen können aber nur dann innovativ sein, wenn ihre Teams innovativ, flexibel und kreativ auf Probleme innerhalb des Unternehmens sowie des Umfelds reagieren.

In diesem Kapitel werden die Faktoren beschrieben, die entscheidenden Einfluss auf die Teamkreativität haben. Es werden Techniken dargestellt, mit denen Teamkreativität gefördert werden kann.

Menschliche Erfindungsgabe drückt sich auf vielfältige Weise aus. Sie kann jeweils konstruktiv, destruktiv, politisch, gewinnsüchtig, schlecht oder förderlich sein. Es sind Beispiele bekannt, wie menschlicher Ideenreichtum in destruktiver Weise benutzt worden ist:

- um Mittel der Massenzerstörung zu entwickeln;
- Wege, um andere auszubeuten;
- Möglichkeiten, um Menschen abhängig zu machen sowie
- betrügerische Praktiken, die gegen fundamentale Prinzipien menschlicher Beziehungen verstoßen.

Unternehmen sind nicht zwangsläufig wohl wollende Kräfte, in denen wir gedankenlos Ideen oder Kreativität fördern sollten.

Teamkreativität beinhaltet die gemeinsame Entwicklung und Anwendung von Ideen, die den jeweiligen Bedürfnissen der Gesellschaft entsprechen. Während Ideenvielfalt durchaus nur die Suche nach neuen Kombinationen von bisher unverbunden nebeneinander stehenden Elementen bedeuten kann, hat die Teamkreativität eine tiefere Wirklichkeit: Durch neue Perspektiven werden Zusammenhänge entdeckt und neue Bedeutungen erschlossen. Innovation bedeutet dann die Anwendung von Teamkreativität in einer für die Gesellschaft förderlichen Weise.

In dem Maße wie Unternehmen in Reaktion auf ihre sich stetig wandelnde gesellschaftliche, politische und wirtschaftliche Umwelt immer komplexer werden, verliert das Handeln des Einzelnen innerhalb eines Unternehmens an Einfluss. Einzelne bewirken selten eine Veränderung, Teams jedoch erreichen das viel öfter. Denn Teams besitzen die Widerstandsfähigkeit, die vielen Fertigkeiten, Fähigkeiten und die Erfahrung, die gewährleisten, dass kreative Ideen in die Praxis umgesetzt werden.

Ein Team braucht ein Leitbild

Um kreativ zu sein, muss ein Team ein Leitbild, eine Vision haben. Es muss eine Zielvorstellung existieren, um den kreativen Energien Ziel und Richtung zu geben. Das Leitbild eines Teams sollte ein klares, von allen geteiltes, gemeinsam vereinbartes, erreichbares und sich entwickelndes Ideal eines nützlichen zukünftigen Ergebnisses sein.

Zum Beispiel könnte dies für die Mitglieder eines Krankenhausteams bedeuten, dass sie ihre Patienten in die Lage versetzen, Verantwortung für ihre Gesundheit zu übernehmen. Dies ist möglich, indem sie ihnen das Gefühl vermitteln, dass sie selbst ihren körperlichen Zustand beeinflussen und kontrollieren können.

Die Zielvorstellung eines Teams kann man unter verschiedenen Gesichtspunkten betrachten:

Klarheit des Leitbildes

Viele Teams nehmen sich nicht die Zeit, um ihre Ziele zu überprüfen, in Worte zu fassen und zu versuchen, diese in einer Beschreibung ihrer Zielvorstellung festzuhalten. Manchmal kann es aber durchaus angemessen sein, wenn ein Ziel nicht zu deutlich ausgesprochen wird. Das kann Kreativität mehr anregen als Aufgabenbeschreibungen, die zwar deutlich ausgesprochen werden, aber erzwungen wirken.

Eine gemeinsame Vision

Wenn Teammitglieder nicht die gleiche Vision von ihrer Arbeit haben, kann ein Team nicht kreativ arbeiten, weil die kreativen Fähigkeiten der einzelnen Mitglieder nicht gemeinsam genutzt werden. Das bedeutet, dass Ziele vereinbart werden müssen. Wenn ein Team zusammenkommt, haben die Mitglieder nicht automatisch die gleichen Wertvorstellungen und Ideen. Falls aber der Teamleiter oder die betriebliche Hierarchie die »Vision« des Teams festlegt, wird diese Zielvorstellung vermutlich nicht vom gesamten Team geteilt und die Kreativität nur we-

> »Das Ziel ist das Geheimnis des Erfolges.«
> Adolf Schriefer

nig beeinflussen. Wenn es hingegen in einem Team ein ausgeprägtes gemeinsames Gefühl für wichtige Ziele oder Orientierungsmaßstäbe gibt, ist es wahrscheinlicher, dass Engagement und Kreativität angeregt und dann auch eingesetzt werden.

Deshalb müssen unbedingt Ziele vereinbart werden, und zwar dadurch, dass die Teammitglieder zusammenkommen und ihre unterschiedlichen Auffassungen bearbeiten, um ein gemeinsames Gefühl für ihre Orientierung zu finden.

Sich entwickelnde Leitvorstellungen

Die gerade ausgeführten Gedanken implizieren zwangsläufig, dass sich eine Vision herauskristallisieren sollte. Leitvorstellungen spiegeln die menschlichen Werte, Interessen, Erwartungen und Überzeugungen wider. Da Menschen sich entwickeln und verändern, Teams ebenso, wird sich auch die Zielsetzung mit der Zeit verändern. Ein Leitbild, das nicht immer wieder als Teil der gesamten Teamentwicklung überprüft und modifiziert wird, ist irgendwann nur noch ein Abbild der Vergangenheit.

Mitbestimmung im Team

In einem Team muss jeder mitbestimmen können. Das Mitspracherecht ist ein Mittel, um Widerstand gegen Veränderungen abzubauen, das Engagement zu fördern und ein mehr am Menschen orientiertes »Klima« zu schaffen. Zur Mitbestimmung gehören drei grundlegende Elemente: Einflussnahme auf Entscheidungsprozesse, Informationsaustausch und Kommunikation.

Einflussnahme auf Entscheidungsprozesse

Wenn Teammitglieder Entscheidungen beeinflussen können, bringen sie ihre kreativen Ideen viel eher ein. Alle Teammitglieder sollten daher Verantwortung für die Arbeitsfähigkeit ihres Teams tragen, anstatt davon auszugehen, dass der Teamleiter für Ziele, Strategien und Arbeitsweisen verantwortlich ist. Es gibt zwar bisweilen Situationen, in denen es nicht angebracht ist, dass alle Mitglieder Entscheidungen treffen. Wirkliches Mitspracherecht im Team zeigt sich darin, dass alle Einfluss auf die Entscheidungsfindung nehmen können, aber spezielle Entscheidungen Einzelnen übertragen werden. Echte Mitbestimmung sorgt dafür, dass die Vorstellungen, Erfahrungen und Fähigkeiten aller Teammitglieder die Ideenpalette bereichert, mit denen das Team in Zukunft arbeiten wird.

Informationsaustausch

Wenn die Leute innerhalb ihrer Teams nicht miteinander kommunizieren und Informationen nicht ehrlich und freimütig miteinander teilen, kann das Team die Gelegenheit versäumen, kreative neue Arbeitsmethoden zu entwickeln. Aber der Informationsaustausch kann auch von Nachteil sein, wenn Teammitglieder sich gegenseitig mit Nachrichten per E-Mail oder schriftlichen Mitteilungen schlichtweg überfluten. Der Informationsgehalt wird bestimmt durch das Medium, durch den die Information übermittelt wird. Per E-Mail oder durch schriftliche Mitteilungen kann man Informationen schlecht miteinander teilen. Dies geschieht am besten durch unmittelbare Kommunikation, also durch das Gespräch. Daher sollten Teams diese Form der Kommunikation fördern und schriftliche Informationsträger nur für einfache Mitteilungen nutzen.

Häufigkeit von Besprechungen

In welchem Maß Teammitglieder Ideen, Informationen und gegensätzliche Meinungen austauschen, hängt natürlich davon ab, wie oft sie miteinander im Gespräch sind. Diese Kommunikation gibt ihrer Kreativität Raum und ermöglicht ihnen zudem, ihre Kenntnisse zu erweitern.

Sicherheit

Kreativität hat mit neuen und unbekannten, noch nicht erprobten Dingen zu tun, die fehlschlagen können. Auch mit Dingen, die eventuell Widerstände und Konflikte auslösen. Bei Kreativität geht es darum, Risiken einzugehen. Teammitglieder sind nur dann bereit, neue Ideen auszuprobieren und es zu riskieren, als Dummkopf dazustehen, wenn sie sicher sein können, dass man nicht über sie spotten oder sie angreifen wird. Das Spiel mit neuen und ungewöhnlichen Ideen hängt daher davon ab, wie weit uns unser Team ein Gefühl der Sicherheit gibt und uns darin unterstützt, unseren Ideen Ausdruck zu verleihen.

Aufgabenorientierung

Eine starke Orientierung an der Aufgabe, die von entscheidender Bedeutung für die Teamkreativität ist, zeichnet sich aus durch kritisches Denken, konstruktive Auseinandersetzung, Toleranz gegenüber Ideen, die nur von einer Minderheit des Teams kommen, und das Streben nach höchster Qualität.

Kritisches Denken

Kritisches Denken ist von grundlegender Bedeutung, wenn gewährleistet sein soll, dass die Strategien und Verfahrensweisen des Teams sowie die erzielten Resultate sachgemäß sind. Je mehr Zeit sich ein Team nimmt, um kritisch über seine Ziele, Strategien und Arbeitsweisen nachzudenken – und sie dann entscheidend zu verändern –, desto kreativer und effektiver wird die Arbeit des Teams sein. Viele Teams erklären, dass sie von ihrer Arbeit zu sehr beansprucht sind, um sich die Zeit zum Nachdenken nehmen zu können. Doch wurde vielfach nachgewiesen, dass eben das sich auszahlt. Man erzielt bessere und kreativere Resultate. Das gründliche Überlegen birgt jedoch auch das Risiko, dass man eventuell Unsicherheit erzeugt, da bisherige Strategien und Verfahrensweisen des Teams in Frage gestellt werden können und man möglicherweise nach neuen suchen muss. Kreative, effektive Teams zeichnen sich jedoch dadurch aus, dass sie mit Unsicherheiten und Ambivalenzen leben und sich ohne weiteres wechselnden Anforderungen anpassen können, solange sie sich beharrlich an das Leitbild halten, das sich allmählich herauskristallisiert.

Konstruktive Auseinandersetzung

In den Teams, die den oben genannten Prinzipien folgen, gibt es ein hohes Maß an »konstruktiver Auseinandersetzung«: Teammitglieder fühlen sich in ihrer Kompetenz bestätigt und nicht angegriffen. Die Atmosphäre ist von Kooperation und Vertrauen geprägt anstatt von Rivalität und Misstrauen. Kritik wird als konstruktiver Vorgang verstanden und nicht als destruktiver, aggressiver Konflikt. In solchen Teams steht nicht der persönliche Ehrgeiz der einzelnen Mitglieder im Mittelpunkt, sondern das Bemühen, gemeinsam wirklich gute Ergebnisse zu erzielen.

Einfluss von Minderheiten

Die Kreativität eines Teams wird stark davon bestimmt, inwieweit es tolerieren kann, dass es auch Teammitglieder gibt, die von der allgemeinen Meinung abweichen. In der Praxis bedeutet Kreativität oft, wenn nicht immer: Auseinandersetzung. Denn der Widerstand gegen Veränderungen muss überwunden werden. Das Team selbst kann eine Minderheit innerhalb einer Organisation sein, das nicht einfach nur neue und verbesserte Arbeitsmethoden anregt, sondern durch seine Position auch andere innerhalb der Organisation ermutigt, unabhängig und kreativ zu denken und zu handeln. Minderheiten üben durch Überzeugungsarbeit und Konfliktbereitschaft Einfluss auf andere aus. Dadurch wiederum wird es anderen Minderheiten möglich, ihre abweichenden kreativen Vorschläge zu äußern. All dies ist von entscheidender Bedeutung für Unternehmen, die versuchen, sich einer anzupassen, die sich im steten Wandel befindet und immer komplexer wird. Wie ein Team mit einer Minderheit unter seinen Mitgliedern umgeht, ist ein wichtiger Indikator für seine Fähigkeit, eine kreative, anpassungsfähige soziale Einheit zu sein.

Förderung von Innovation

Meine Kollegen und ich haben wiederholt festgestellt, dass die »Förderung von Innovation« sich als der Faktor herausstellt, der am meisten über die Innovationsfähigkeit und Kreativität von Teams aussagt. Aber Förderung hat zwei verschiedene Aspekte: den aktiven und den passiven (nur verbale Unterstützung).

In vielen Teams wird Innovation grundsätzlich bejaht. Prüft man aber genauer, wie die Unterstützung in der Praxis aussieht, dann kommt es selten vor, dass die Teammitglieder oder die Geschäftsleitung genügend Zeit, Ressourcen und gemeinsame Arbeit investieren, um neue Ideen zu entwickeln. Doch sind es genau diese Dinge, die bestimmen, wie viel Spielraum für Kreativität in Teams gegeben ist. Wenn neue Ideen zwar verbal akzeptiert und befürwortet werden, aber die Teammitglieder nicht für die notwendige praktische Unterstützung sorgen, verlieren die schönen Worte schnell ihre Überzeugungskraft.

> »Kreativität: Logik, die Mut hat.«
> Gabriel Laub

Kreativität in Unternehmen ist verbunden mit Unsicherheit, Missverständnissen, Konflikten und Risiken. Die hier dargelegten Grundgedanken sind kein Rezept für Teamarbeit, das Krisen und Schwierigkeiten ausschließt. Wenn man eine gemeinsame Vision entwickelt, die man miteinander vereinbart und die mit der Zeit an Konturen gewinnt, muss man nicht nur für eine Zeit lang Unsicherheit akzeptieren, sondern auch Veränderungen fördern – anstatt sie zu blockieren. Man muss auch einen Teil der Kontrolle aufgeben, um den Teammitgliedern die Möglichkeit zu geben, ihre eigenen Ziele zu entwickeln, die vielleicht nicht immer mit denen anderer Teams im Unternehmen übereinstimmen. Das gehört zur Kreativität dazu.

Die Gleichberechtigung für alle Teammitglieder birgt Risiken und Chancen zugleich, sobald Teammitglieder Verantwortung nicht scheuen, sondern sie für Entscheidungsprozesse und Optimierung der Kommunikation verstärkt übernehmen. Mitbestimmung dieser Art ermöglicht es der Gruppe, eine lebendige, sich entwickelnde soziale Einheit zu werden, deren kreative Energien sich frei entfalten – ohne dass man die Ergebnisse voraussehen könnte. Kritisches Denken impliziert auch das in Frage stellen herkömmlicher Arbeitsweisen. Dies kann bedeuten, dass man Unsicherheiten angesichts rapider Veränderungen noch verstärkt, statt sie zu verringern. Letzteres ist normalerweise unsere natürliche Reaktion. Unsere Welt aber verändert sich durch unser eigenes Handeln, und es ist nicht länger angemessen, wie bisher auf die sich verändernden Umstände zu reagieren.

Wir haben uns nun mit einigen wesentlichen Gruppenprozessen beschäftigt, die kreative Teams kennzeichnen. Als nächstes befassen wir uns mit einzelnen Faktoren im betrieblichen Rahmen und in der Zusammensetzung von Teams, die sich auf ihre Kreativität auswirken. Diese für die Innovation ausschlaggebenden Faktoren werden in der folgenden Abbildung dargestellt.

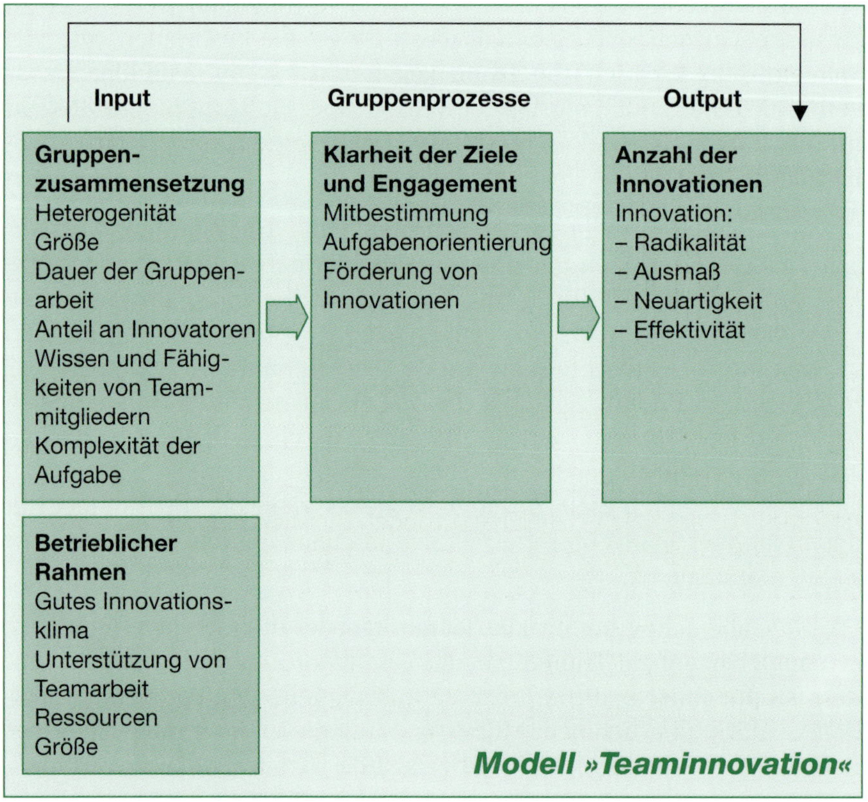

Modell »Teaminnovation«

Zusammensetzung des Teams

Forschungen über die Beziehung zwischen Teamgröße und Kreativität zeigen, dass größere Teams oft weniger kreativ sind. Das mag daran liegen, dass die Effektivität der Kommunikationsprozesse abnimmt, die Koordinationsprobleme aber zunehmen, wenn Teams größer werden. Im Allgemeinen sollte ein Team, wenn ein hoher Grad an Kreativität erreicht werden soll, aus nicht mehr als zehn bis zwölf Leuten bestehen. Teams sind am effektivsten, wenn sie gerade so viel Leute haben, wie sie brauchen, um die Gruppenaufgabe zu erfüllen.

In sehr kleinen Teams (zwei oder drei Leute) fehlt oft die Vielfalt an Meinungen und Perspektiven, die eine Voraussetzung für Innovation ist. Große Teams (mehr als zwölf) dagegen können zu »unhandlich« werden. Eine effektive Interaktion, der Austausch von Ideen und eine tatsächliche Mitbestimmung sind dann nicht mehr möglich. Vieles weist darauf hin, dass für Aufgaben, die eine kreative Entscheidungsfindung verlangen, die unterschiedliche Zusammensetzung des Teams (Persönlichkeit, Ausbildung, Herkunft und Geschlecht) sehr wichtig für die Qualität der Arbeit ist. Das ist zum Teil auf die unterschiedlichen Perspektiven zurückzuführen, die von den Teammitgliedern in den Entscheidungsprozess eingebracht werden.

Dauer der Teamarbeit

Es gibt Unterschiede in der Kreativität von Teams, die darauf zurückzuführen sind, wie lange ein Team schon zusammenarbeitet. Mit einem längeren Bestehen ist eine zunehmende Homogenität des Teams verbunden und als Konsequenz davon ergeben sich nachteilige Auswirkungen auf die angestrebten Innovationen. Teams, die bereits länger zusammenarbeiten, können leicht zu selbstzufrieden werden. Sie neigen dazu, andere innerhalb und außerhalb des Unternehmens zu ignorieren, und sich immer stärker von ihnen zu isolieren – besonders von jenen, von denen sie Feedback, Bewertung und Informationen erhalten. Wenn sich die Zusammensetzung nicht hin und wieder ändert, kann das dazu führen, dass Gruppen im Laufe der Zeit immer weniger kreativ sind. Neue Mitarbeiter hingegen können die Kreativität eines Teams steigern, weil sie bestehende Praktiken hinterfragen und oft auch ausweiten.

Eigenschaften von Teammitgliedern

Ein weiterer Faktor der Gruppenzusammensetzung ist die Persönlichkeit ihrer Mitglieder. Jüngste Untersuchungen weisen darauf hin, dass die Innovationsfähigkeit des Teams zum Teil davon beeinflusst wird, wie viele kreative und innovative Mitglieder das Team hat. Die Entwicklung neuer Ideen in einem Team ist ein kreativer Prozess, der sich zwar im einzelnen Menschen abspielt, aber auch durch die Kommunikation im Team gefördert wird.

In einer Studie mit 13 Teams in einer Ölgesellschaft stellten Caroline Burningham und ich fest, dass die individuelle Einstellung neue Ideen hervorzubringen mehr über Innovationsfähigkeit eines Teams (gemessen an Berichten von ausgewählten sachverständigen Beobachtern) voraussagen konnte als das Messen des Gruppenklimas oder des Gruppenprozesses. Zum gleichen Ergebnis kamen David Burley und ich bei einer Studie mit 435 Mitarbeitern im Gesundheitswesen. Wir fanden heraus, dass die Neigung des Einzelnen zu innovieren ein besserer Indikator für zukünftige Innovationen am Arbeitsplatz ist als Faktoren, die das Gruppenklima bestimmen.

Das Wissen und die Fähigkeiten der einzelnen Teammitgliedern beeinflussen ebenfalls die Ergebnisse der Teamarbeit. Dabei spielt sowohl das für das Arbeitsgebiet relevante Können eine Rolle als auch die Fähigkeiten zur Teamarbeit. Daher muss überlegt werden: Haben die Teammitglieder das Wissen und die Fähigkeiten, die für eine effektive Teamarbeit erforderlich sind?

Mit der folgenden Übung können Sie die Innovationsfähigkeit Ihres Teams testen.

Übung 13: Wie innovativ arbeitet Ihr Team?

Für wie innovativ halten Sie Ihr Team, im Vergleich zu anderen, ähnlichen Teams? Kreisen Sie die richtige Antwort für die folgenden Aufgabenbereiche ein.

	Stark gleich bleibend: wenige Veränderungen		Einigermaßen innovativ: einige Veränderungen		Sehr innovativ: viele Veränderungen
Arbeitsziele setzen	1	2	3	4	5
Entscheiden, mit welchen Methoden die Ziele erreicht werden sollen	1	2	3	4	5
Neue Verfahren oder Informationssysteme einführen	1	2	3	4	5
Innovative Verfahren entwickeln, um Ziele zu erreichen	1	2	3	4	5
Veränderungen bei den Arbeitsinhalten und -methoden Ihres Personals einführen	1	2	3	4	5

Gesamtpunktzahl: _____

Auswertung:

Niedrige Punktzahl	=	5 bis 13	=	wenig Veränderungen
Durchschnittliche Punktzahl	=	14 bis 18	=	einigermaßen innovativ
Hohe Punktzahl	=	19 bis 25	=	sehr innovativ

Die Aufgabe des Teams

Für eine erfolgreiche Teamarbeit ist auch die Art der Aufgabe wichtig. Aufgaben, die ein hohes Maß an Fertigkeiten erfordern, die von den Teammitgliedern verlangen, dass sie viele verschiedene Tätigkeiten ausführen, und die es mit sich bringen, dass verschiedene Fähigkeiten und Begabungen zum Einsatz kommen, bringen erfahrungsgemäß einen höheren Grad an Teamkreativität hervor. Eine gute Identifizierung mit der Aufgabe ist ebenfalls ein wichtiger Faktor. Dies bedeutet, dass die Fertigstellung eines ganzen erkennbaren Arbeitsabschnittes vorliegen sollte oder eine Arbeit vom Anfang bis zum Ende durchgeführt wird. Teams, denen solche Aufgaben übertragen werden, sind meist kreativer.

Aufgabenrelevanz spornt an

Auch die Aufgabenrelevanz spornt die Kreativität an. Diese zeigt sich daran, inwieweit die Aufgabe eine merkliche Auswirkung auf andere Menschen hat. Dabei ist es egal, ob es sich um Menschen im gleichen Unternehmen oder im weiteren geschäftlichen oder gesellschaftlichen Umfeld handelt. Autonomie ist ein weiterer Faktor: wie viel Freiheit, Unabhängigkeit und Ermessensspielraum hat das Team, um die Arbeit zeitlich zu planen und zu bestimmen, auf welche Weise sie ausgeführt wird. Diese Selbstständigkeit steht in enger Beziehung zur Teamkreativität und der vom Team durchgeführten Innovation.

Das Feedback, das ein Team erhält, klärt es direkt und deutlich darüber auf, wie effektiv seine Leistung ist. Auch das beeinflusst die Kreativität und die Innovationsfähigkeit eines Teams. Grundsätzlich kann man sagen, dass die Komplexität einer Aufgabe und die Herausforderung, die sie darstellt, allen Teammitgliedern Innovationen abverlangen.

Um die Leistung eines Teams einschätzen zu können, muss man den betrieblichen Kontext berücksichtigen. Wissenschaftler weisen zunehmend darauf hin, wie sehr das Unternehmen selbst die Effektivität einer Gruppe beeinflusst. Wichtige betriebliche Faktoren, die sich auf die Leistung von Teams in Unternehmen auswirken, sind folgende:

- die Gruppe erhält genügend Ressourcen,
- die richtigen Schulungen und Informationssysteme,
- besondere Anerkennung und Unterstützung, damit die Gruppenarbeit funktioniert.

Mit diesen Faktoren werden wir uns nun eingehender beschäftigen.

Ressourcen

Es wird oft davon ausgegangen, dass die vom Team initiierten und durchgeführten Innovationen von den Ressourcen bestimmt werden, die dem Team zur Verfügung stehen. Jedoch gibt es Hinweise darauf, dass Ressourcen und das Maß einer vom Team durchgeführten Innovation nicht unbedingt miteinander im Zusammenhang stehen. In einer ausführlichen Studie der Vereinten Nationen, die sich mit der Effektivität von Forschungsteams befasst, kam man zu dem Schluss, dass

- »es keine Anhaltspunkte dafür gibt, dass mehr Ressourcen und bessere Arbeitseinrichtungen zwangsläufig zu besseren wissenschaftlichen Leistungen führten. Wenn ausreichend Mittel vorhanden waren, um gute Leute in vernünftig ausgestatteten Einrichtungen zu beschäftigen, machte es nur wenig aus, wenn noch mehr Geld in das Forschungsprojekt gesteckt wurde (im Allgemeinen zumindest!)« (Payne 1990).
- In einer von Neil Anderson und mir durchgeführten Studie über Innovationen, die von Teams eingeführt wurden, die sich aus Führungskräften von Krankenhäusern des British National Health Service zusammensetzten, stellten wir ebenfalls fest, dass zwischen den verfügbaren Ressourcen und den Innovationen kein Zusammenhang bestand (West/Anderson 1996).

Betriebsklima

Zahlreiche Untersuchungen im Bildungs- und Industriebereich belegen, dass ein die Kreativität förderndes Klima Innovationen durch Teams begünstigt. In einer von meinen Kollegen und mir durchgeführten Untersuchung bei 54 Fertigungsunternehmen fanden wir heraus, dass in innovativen Unternehmen ein Klima herrscht, das durch folgende Punkte charakterisiert wird:

- Betonung von Qualität, gute Kommunikation, Teamarbeit,
- Zusammenarbeit der verschiedenen Abteilungen,
- Bereitschaft, sich neuen Anforderungen anzupassen,
- Befürwortung neuer und verbesserter Arbeitsmethoden sowie
- die ausgeprägte Tendenz, Praktiken immer wieder kritisch zu überprüfen und zu modifizieren.

»Und wie ist das Betriebsklima hier?«

Größe des Unternehmens

Vielfach wird diskutiert, ob die Innovationsfähigkeit eher in kleinen oder in großen Unternehmen überwiegt. Viele Anhaltspunkte lassen darauf schließen, dass große, führende Firmen stärker innovieren – teilweise deshalb, weil sie die finanziellen Mittel dafür aufbringen können. Auf der anderen Seite zeigt sich, dass kleine, flexible Firmen am meisten innovieren. Man kann offenbar davon ausgehen, dass Neuerungen in jedem Unternehmen – ungeachtet seiner Größe – gefördert werden können, wenn die geeigneten Umstände gegeben sind.

Diese kurze Analyse maßgeblicher Faktoren legt nahe, dass man zur Bildung eines innovativen Teams in einem Unternehmen, das Innovation unterstützt (sowohl verbal als auch praktisch), vier bis zehn kreative Teammitglieder braucht. Das Team sollte aus Mitgliedern bestehen, die sich voneinander unterscheiden (in Bezug auf Persönlichkeit, beruflichen Hintergrund, Überzeugungen). Es sollte nicht mehr als drei Jahre zusammen bleiben. Die Aufgabe des Teams sollte fesselnd und wichtig sein. Den Teammitgliedern sollte genügend Autonomie zugestanden werden, um die Arbeit auf ihre eigene Weise zu bewältigen. Außerdem sollten sie ein klares Feedback über ihre Leistung erhalten. Nachdem man ein solches Team gebildet hat, stellt sich nun die Frage, wie man ihm helfen kann, kreative Ideen zu entwickeln und umzusetzen.

»Wie ich sehe, habe ich eine Menge Überzeugungsarbeit vor mir.«

Förderung von Teamkreativität

Ich beschreibe nun einige Techniken, die helfen sollen, in der Teamarbeit neue Ideen hervorzubringen. Diese Techniken sind lediglich Hilfen, wie gesagt: keine magischen Lösungsquellen. Kreativität besteht zu 95 Prozent aus harter Arbeit und nur zu fünf Prozent aus schöpferischen Einfällen. Daher müssen Teams, wenn sie diese Techniken anwenden, ein ganzes Stück Arbeit leisten, um zu erkennen, wie die entwickelten Ideen im Umgang mit der aktuellen Situation praktisch weiterhelfen können. Eine passive Einstellung, die davon ausgeht, dass die richtigen Antworten als Folge dieser Techniken einfach von selbst »auftauchen« werden, wird ohne Erfolg bleiben.

Zielorientierung

Zur Zielorientierung, die in der Phase der Problemanalyse und Klärung nützlich ist, gehört das kritische Prüfen und Hinterfragen von Zielen. Diese Technik kann auch dazu benutzt werden, noch einmal zu überprüfen, wie Probleme und Ideen definiert werden. Damit kann man Teammitglieder ermutigen, Überzeugungen – die oft für selbstverständlich gehalten werden – in Worte zu fassen und in Frage zu stellen.

> »Auf eingefahrenen Gleisen kommt man an kein Ziel.«
> Paul Mommertz

Dieses Vorgehen führt zur Formulierung neuer Ziele. In der Regel ergeben sich wesentlich mehr Ziele, als ursprünglich von dem Team genannt wurden. Als Einleitung zur Klärung von Zielen ist es hilfreich, diese zunächst in immer den gleichen Redewendungen auszudrücken: »Man sollte …« und »Ich wünschte mir, dass …«.

Versuchen Sie so viele »Man sollte …«- und »Ich wünschte mir, dass …«-Sätze wie möglich aufzulisten. Anschließend kann das Team entscheiden, welche Aspekte am meisten wünschenswert, wichtig, notwendig, kreativ, fantasievoll, praktikabel und realisierbar sind. Dann kann es anfangen, praktische Schritte zu planen, um diese Ziele zu erreichen.

Wie bekommt man einen Verkehrsstau in den Griff?

- Man sollte die Zahl der Autos auf den Straßen verringern.
- Man sollte größere Straßen bauen.
- Ich wünschte mir, dass wir den Straßenverkehr ganz abschaffen könnten.
- Ich wünschte mir, dass man sich einfach irgendwohin »beamen« könnte.
- Man sollte dem Reisen ein Ende bereiten.
- Ich wünschte mir, dass wir Autos schrumpfen lassen könnten.
- Man sollte den Verkehrsfluss besser regulieren.
- Man sollte in jedem Auto möglichst viele Leute unterbringen.
- Ich wünschte mir, dass wir Reisepläne koordinieren könnten.
- Ich wünschte mir, dass man immer nur mit dem Flugzeug reisen könnte.
- Ich wünschte mir, dass wir überall hin per Anhalter fahren könnten.

Klassisches Brainstorming

Diese bekannte Methode ist in der Phase der Ideenfindung sehr hilfreich. Beim klassischen Brainstorming bringen Teammitglieder so viele Ideen wie möglich vor – sogar völlig utopische und fantastische Einfälle. Das Ziel ist, eine große Menge an Ideen hervorzubringen und sich dabei nicht darum zu kümmern, ob die Einfälle gut oder schlecht sind. Die Ideen werden zunächst nicht bewertet, und die Teilnehmer werden gebeten, alle vorgebrachten Einfälle gelten zu lassen. Die Teammitglieder werden ermutigt, sich von den Ideen der anderen zu weiteren, neuen Ideen inspirieren zu lassen. Das nennt man im Englischen »Piggy-backing« und das bedeutet »Huckepack-reiten«. Die wesentlichen Richtlinien lauten also:

- viele Ideen
- keine Bewertung
- »Huckepack-reiten«

Es gibt viele Möglichkeiten, in Teams ein Brainstorming durchzuführen. Eine ist, im Team der Reihe nach jedes Mitglied aufzufordern, eine Idee zu äußern und auf diese Weise auch stillere Gruppenmitglieder zum Mitmachen zu ermutigen. Viele ziehen allerdings ein weniger systematisches Vorgehen vor, sodass Teammitglieder aufs Geratewohl ihre Ideen in die Runde einbringen können. Am besten führt man ein Brainstorming durch, indem man Teammitgliedern Gelegenheit gibt, für sich allein Ideen zu entwickeln und aufzuschreiben (zum Beispiel auf Pinwand-Karten), bevor sie ins Team eingebracht werden. Dies ist dann der Zeitpunkt, an dem »Huckepack-reiten« möglich ist. Auf diese Weise wird vermittelt, dass jeder mitbestimmt und in die Entwicklung neuer Ideen einbezogen ist, die Veränderungen bewirken sollen.

Das klassische Brainstorming wird zwar von vielen Teams genutzt, aber häufig wird der Fehler gemacht, dass man Ideen doch schon bewertet, während sie vorgetragen werden. In der Phase der Ideenfindung darf auf keinen Fall eine kritische Bewertung stattfinden! Auch ist es wichtig, während des Brainstormings Mut zu neuen, ganz anderen – sogar verrückten – Ideen zu machen. Vor allem sollte das Brainstorming Spaß machen. Manchmal tragen gerade die wildesten und witzigsten Ideen in sich den Keim für ein neues produktives Herangehen an die Aufgabe oder das Problem.

Brainwriting Pool

Diese Technik ist eine Variante des Brainstormings, die darauf basiert, dass Einzelne beim Brainstorming effektiver sind als Gruppen. Mit Hilfe dieser Technik werden in kurzer Zeit sehr viele Ideen entwickelt. Die Gruppenmitglieder – an einem runden Tisch versammelt – erhalten leere Blätter, auf denen sie ihre Ideen festhalten können. Nachdem jeder fünf oder zehn Ideen aufgeschrieben hat, werden die Blätter mitten auf den Tisch gelegt. Dann fährt jeder Teilnehmer fort, Ideen aufzuschreiben, und zwar auf Blätter, die bereits von anderen Teammitgliedern beschrieben wurden. Sie werden nachdrücklich aufgefordert, auf den von den anderen entwickelten Ideen aufzubauen und sich davon anregen zu lassen (»Huckepack-reiten«). Innerhalb von 20 Minuten können von einem Team Hunderte von Ideen produziert werden. Ein Ideenüberschuss wird auf ein Minimum reduziert, da die Teilnehmer sehen, welche Ideen die anderen bereits entwickelt haben. Zudem können Teammitglieder, während sie von den Ideen der anderen angeregt werden, in ihrem eigenen Tempo weitermachen.

»Brain-netting« (eine Variante per Computer) sieht so aus, dass in einem EDV-Netzwerk eine Datei angelegt wird, zu der alle Teammitglieder Zugang haben. Das Problem oder die Fragestellung bildet die Überschrift der Datei. Die Teammitglieder fügen dann einfach in diese Datei ihre

Ideen oder Vorschläge zu denen ihrer Kollegen hinzu. Die Teammitglieder müssen also nicht unbedingt zusammenkommen, um ein Brainstorming durchzuführen. Auf diese Weise können zudem alle verfolgen, was sich im Prozess der Ideenfindung bisher getan hat und weiterhin tut. Dies ist ein äußerst produktives Verfahren, das von den Teammitgliedern nur ein Minimum an Arbeitsaufwand erfordert.

Die »Ja, und ...«-Methode

Wenn eine neue Idee aufkommt, wird häufig zuerst danach geschaut, wo ihre Schwachstellen liegen. Das kann die Begeisterung und die Bereitschaft der Leute dämpfen, neue Ideen vorzutragen.

Die »Ja, und ...«-Methode ist eine Möglichkeit, dieses ablehnende und verneinende Verhalten zu vermeiden, das oft das Ende einer Idee bedeutet. Versuchen Sie in einem Meeting zunächst »Ja« zu einer Idee zu sagen und sie zum Ausgangspunkt weiterer Vorschläge zu machen, bevor Sie entscheiden, ob diese Idee brauchbar ist oder nicht. Versuchen Sie, den Vorschlag um Ihre eigene positive Idee zu ergänzen.

Dies ist eine einfache, aber sehr wirkungsvolle Technik. Wenn sie in Abteilungssitzungen regelmäßig eingesetzt wird, kann sie die Atmosphäre grundlegend ändern.

Aufstellung der einzelnen Komponenten

Eine andere Methode, die Phase der Ideenfindung bei der Problemlösung produktiv zu gestalten, ist die Aufstellung der einzelnen Komponenten. Diese Technik funktioniert folgendermaßen:

Ein Problem oder ein schwieriges Thema wird in Faktoren oder Komponenten aufgegliedert, für jede einzelne Kategorie ein Brainstorming durchgeführt. Anschließend werden aus den verschiedenen Komponenten jene ausgewählt, die ausgesprochen viel versprechend und kreativ erscheinen und so das Team weiterbringen können. Diese Technik bringt in sehr kurzer Zeit zahlreiche potenzielle Problemlösungen. Allerdings ist sie nur für Probleme oder Fragen geeignet, die man in Komponenten oder einzelne Faktoren aufschlüsseln kann.

Ein Team versucht, eine Idee für eine gesellige Veranstaltung zu entwickeln, die die Leute zusammenbringt und ihnen die Möglichkeit gibt, außerhalb der Arbeit Spaß miteinander zu haben. Folgende Unterpunkte wurden gefunden:

- Teilnehmer der Veranstaltung,
- Veranstaltungsort,
- mögliche Aktivitäten,
- der Zeitpunkt der Veranstaltung,
- der Zweck der Veranstaltung.

Zu jedem dieser Punkte führt die Gruppe ein Brainstorming durch und kommt zu folgendem Ergebnis:

Liste der Elemente: Gesellige Veranstaltung

Teilnehmer	**Ort**	**Aktivitäten**	Zeit	**Zweck**
Teammitglieder	Restaurant	Geld für wohltätige Zwecke sammeln	Wochenende	Schwimmen lernen
Teammitglieder u. Partner	Park	Gegenseitiges Kennenlernen	Freitagabend	
Nur Kinder	Schiff	Spaß haben		
Teammitglieder u. Kunden	Paris	als Dank		
Behinderte Kinder	Bahamas	Schatzsuche		
Nur die Partner	Autobahn	Eine neue Sprache lernen		
Die Haustiere der Teammitglieder	Strand	Golf spielen		
	Swimming Pool	Tennis spielen		
	Hotel			
	Theater			

In der nächsten Phase geht es darum, aus den vielen Kombinationsmöglichkeiten, die sich aus der Aufstellung der Komponenten ergeben, diejenigen Ideen auszuwählen, die »verrückt« oder viel versprechend sein könnten.

Bei dieser Übung lohnt es sich, in jedes neue Brainstorming ganz unterschiedliche Ideen einzuspeisen, um so den Teammitgliedern die Möglichkeit zu geben, aus bestehenden Denkmustern auszubrechen. Die Teilnehmer können auch nach Zufall eine Reihe von Punkten aus den verschiedenen Komponenten auswählen (zum Beispiel, indem sie in jeder Reihe ein Stichwort markieren und so eine neue Kombination herstellen).

Solche Strategien bringen oft Lösungen hervor, die auf den ersten Blick ausgefallen oder unsinnig erscheinen mögen. Der Zweck dieser Übungen ist jedoch, dazu anzuregen, Probleme in einem neuen Licht zu sehen, und das macht fünf Prozent der Kreativität aus. Die anderen 95 Prozent kommen von dem Team, das versucht, die ausgefallene Idee zu einer realisierbaren Option zu machen.

Wenn beispielsweise aus der gezeigten Aufstellung folgende Punkte ausgewählt werden:

- nur Kinder
- Bahamas
- Schatzsuche
- Wochenende
- Schwimmenlernen

kann folgende durchaus brauchbare Lösung kombiniert werden:

Die gesellschaftliche Veranstaltung wird eine *Schatzsuche* für Erwachsene, die sich an einem *Wochenende* – angefangen am Samstag nachmittag, am Abend sowie am Sonntagmorgen – stattfindet. Am ersten Abend führt die Schatzsuche in ein exotisches Hotel, wo es Speisen und Getränke aus der Karibik (*Bahamas*) gibt. Am folgenden Morgen endet die Schatzsuche an einem Swimming Pool, wo die *Kinder* der Teammitglieder in der Zwischenzeit *Schwimmunterricht* bekommen haben, Pool-Spiele veranstaltet und eine Grillparty hatten.

Negatives Brainstorming

Das negative Brainstorming ist eine Technik, die besonders gut geeignet ist, um ein hohes Leistungsniveau und kritisches Denken zu fördern. Sie wird vorzugsweise in der Phase kreativer Problemlösung eingesetzt, in der eine Auswahl von Ideen getroffen werden muss. Man kann sie nutzen, um einen neuen Vorschlag zu prüfen oder bestehende Strategien, Praktiken oder Ziele zu beurteilen. Diese Technik beinhaltet drei Phasen:

- *1. Phase:* Nachdem eine viel versprechende Idee eingebracht oder die bestehende Vorgehensweise oder Strategie klar dargelegt worden ist, macht das Team ein Brainstorming zu allen möglichen negativen Aspekten oder Konsequenzen dieser Idee. Dieses Brainstorming sollte genauso ungehemmt ablaufen wie das positive Brainstorming in seinem klassischen Ansatz. Ziel ist, eine Liste aller denkbaren negativen Aspekte der Idee oder Strategie aufzustellen, egal wie verrückt oder fantastisch diese Möglichkeiten erscheinen mögen.
- *2. Phase:* Die Teammitglieder wählen vier oder fünf Kritikpunkte aus, die besonders hervorstechen, und prüfen diese gründlich. Wenigstens einer dieser Kritikpunkte sollte ziemlich ausgefallen oder abenteuerlich sein.
- *3. Phase:* Das Team überlegt dann, wie die Idee oder die herkömmliche Vorgehensweise abgeändert werden könnte, damit die Kritikpunkte entkräftet werden. Diese dritte Phase des Prozesses ist konstruktiv, da das Team versucht, auf einer neuen oder bestehenden Praktik aufzubauen, um den schwer wiegendsten Kritikpunkten etwas entgegenzusetzen.

Es kann sein, dass eine grundlegende Schwachstelle oder Schwierigkeit erkannt wird und die Gruppe keine Möglichkeit sieht, wie diese überwunden werden könnte. In diesem Fall muss man die Idee oder die bisherige Vorgehensweise aufgeben. Das ist allerdings eher ein Nutzen als ein Nachteil dieses Prozesses, da die Teammitglieder so in die Lage versetzt werden, bereits in einem frühen Stadium jede Idee oder Vorgehensweise auszumachen, die vermutlich keinen Erfolg bringen wird.

Dieses Vorgehen ist hilfreich, wenn eine Idee so weit entwickelt wurde, dass sie angenommen und umgesetzt werden soll. Mit dieser Technik werden bereits im Vorfeld die Schwachstellen einer Idee deutlich, zudem wird auch die konstruktive Kritik gefördert. Aus Furcht, andere zu kränken, sind Leute in ihrer Kritik manchmal gehemmt, aber dieses Vorgehen macht deutlich, dass die Kritik sich gegen Ideen oder Praktiken richtet und nicht gegen Menschen. Wenn man diese Technik regelmäßig anwendet, wird sie von der Gruppe als eine sinnvolle Methode akzeptiert.

Kritik an Ideen, um diese zu verbessern

Analyse der Betroffenen

Dies ist eine sehr nützliche Methode, um eine Frage gründlicher zu untersuchen. Herkömmliche oder vorgeschlagene Lösungen kann man so noch verbessern, bevor sie in die Praxis umgesetzt werden. In den Phasen »Optionen auswählen« und »Umsetzung« kann diese Methode eingesetzt werden. Sie basiert auf dem Gedanken, dass Menschen sich Veränderungen wesentlich weniger widersetzen, wenn sie sich gründlich damit befassen, wie diese Veränderungen sich praktisch auf sie auswirken werden. Betroffene sind all jene interessierten Einzelpersonen und Gruppierungen inner- oder außerhalb des Teams, die auf Ziele und Arbeitsweise des Teams Einfluss haben oder von ihnen beeinflusst werden.

Diese Technik erfordert es, dass das Team oder einzelne Teammitglieder der Reihe nach so agieren, als wären sie eine Betroffenengruppe. Das bedeutet, sie beschäftigen sich eingehend mit allen Vor- und Nachteilen, die ihnen aus den Zielen und Strategien des Teams, den Verfahren oder vorgeschlagenen Veränderungen erwachsen. Alle denkbaren Vor- und Nachteile für die jeweilige Gruppe werden aufgelistet:

Analyse der Betroffenen in der Praxis

- **Vorgeschlagene Veränderung**
  Das Team besteht aus Mitarbeitern eines städtischen Krankenhauses. Dieses Krankenhaus ist bisher auf herkömmliche Weise geführt worden. Nun hat das Mitarbeiterteam vorgeschlagen, diese Klinik zu privatisieren, damit das Krankenhaus selbstverantwortlich seine Finanzen verwaltet. Dieser Vorschlag bedeutet eine einschneidende Veränderung. Welches sind die wichtigsten Betroffenen?
- **Bestimmung der Betroffenen**
  Patienten, Angehörige und Betreuungspersonen der Patienten, Krankenschwestern, Pfleger, Ärzte, andere Mitarbeiter, Gemeinde, Berufsverbände, Verwaltung und Geschäftsführung des Krankenhauses.

- **Vor- und Nachteile der Veränderung**
  Patienten
  Mögliche Vorteile: kürzere Behandlungszeiten; verbesserte Qualität der medizinischen Versorgung; effizientere Verwaltung.
  Mögliche Nachteile: das Krankenhaus ist mehr an Geld als an den Patienten interessiert; die Konkurrenz mit anderen Kliniken kann zu einer schlechteren medizinischen Versorgung führen.
  Ärzte
  Mögliche Vorteile: bessere Ausstattung mit medizinischen Geräten; Entscheidungen können schneller getroffen werden; mehr Kontrolle über die finanziellen Mittel.
  Mögliche Nachteile: der medizinische Aspekt verliert an Bedeutung; für die Verwaltung wird die Wirtschaftlichkeit ein größeres Anliegen sein als die Behandlung der Patienten; um den großen Bedarf an allgemeinmedizinischer Versorgung zu erfüllen, kommen weniger rentable Fachgebiete und die Ausstattung dieser Fachärzte zu kurz.
  Geschäftsführer der Klinik
  Mögliche Vorteile: mehr Einfluss; Verbesserung der Entscheidungsprozesse; der Verantwortungsbereich der Geschäftsführung wird klarer abgesteckt sein.
  Mögliche Nachteile: vermehrte Zuständigkeit; die Notwendigkeit, auf die Wirtschaftlichkeit der Klinik zu achten; Konflikte mit anderen Privatkliniken.
- **Den Veränderungsvorschlag überarbeiten**
  Nach der Bestimmung der potenziellen Vor- und Nachteile aus der Perspektive jeder Interessengruppe überlegt das Team, wie die geplante Veränderung modifiziert werden kann, um auf die verschiedenen Interessen einzugehen. Es sucht Wege, wie man den Veränderungsprozess so steuern könnte, dass der Widerstand reduziert wird.

Anschließend wird das vorgeschlagene Ziel oder die Veränderung überarbeitet, um ein Minimum an Nachteilen bzw. ein Maximum an Vorteilen für jede Interessengruppe zu erzielen. Diese Vorgehensweise wird für jede wichtige Betroffenengruppe durchgeführt. Jede Zielvorgabe oder jede vorgeschlagene Veränderung kann durch solch eine sorgfältige Prüfung der Auswirkungen auf die verschiedenen Interessengruppen optimiert werden. Außerdem kann diese Technik das Team auch auf Konflikte hinweisen, die dann mit den entsprechenden Konfliktbewältigungsstrategien angegangen werden können.

Der Einsatz von kreativitätsfördernden Techniken in Teamsitzungen

Der Versuch, diese kreativitätsfördernden Techniken in Teamsitzungen anzuwenden, erfordert Mut. Neue Ideen stoßen oft auf nur halbherzige Unterstützung, Spott oder sogar direkten Widerstand. Jede Form von Kreativität und Innovation bringt es mit sich, dass man Risiken eingehen muss. Aber wenn das Team diese Techniken geduldig und mit Überzeugung einführt, werden sie von Nutzen sein. Es kann hilfreich sein, einige davon miteinander zu verknüpfen. Dies ist an sich schon eine Gelegenheit, kreativ zu sein. Bei der Planung einer Teamsitzung zahlt es sich aus, wenn man sich die Bedeutung der in Kapitel 2 beschriebenen vier Schritte der Problemlösung noch einmal vergegenwärtigt: Problembeurteilung, Ideenfindung, Auswählen der Optionen sowie Umsetzung. Daher sollten Techniken ausgewählt werden, die diesen Stadien entsprechen.

Es ist ebenfalls nützlich, genau zu überlegen, wie die Zeit in den Gruppensitzungen genutzt und welche kreativitätsfördernden Techniken ausprobiert werden sollten. Man muss sich für jede Technik genügend Zeit nehmen, damit das Team nicht unter Zeitdruck gerät und jede Technik erfolgreich angewandt werden kann. Teams brauchen einen »Helfer«, der weiß, wie man die Techniken anwendet, und der Hilfestellungen gibt, anstatt Vorschriften zu machen oder alles bestimmen zu wollen. Er oder sie sollte dafür sorgen, dass genügend Medien vorhanden sind, mit denen die Ideen festgehalten werden können, wie zum Beispiel Flipcharts, Pinwände und Overheadprojektoren.

Um ein Teamklima zu schaffen, in dem Kreativität Raum hat, ist es wichtig, sich zu Beginn der Zusammenkunft auf einige Grundregeln zu einigen. Diese können auf ein Flipchart übertragen werden, sodass man sich während der Sitzung immer wieder an die vereinbarten Regeln erinnern kann. Die Grundregeln werden sich jeweils nach den speziellen Zielen des Teams richten. Einige typische Grundregeln für eine kreative Runde sehen Sie auf der Pinnwand der nächsten Seite.

Versiegt der Ideenfluss, versuchen Sie, durch eine kreative Pause Abstand von dem Problem zu gewinnen Es gibt viele Möglichkeiten das zu tun, beispielsweise durch Wort-Assoziations-Spiele, Spaziergänge oder Geschichtenerzählen.

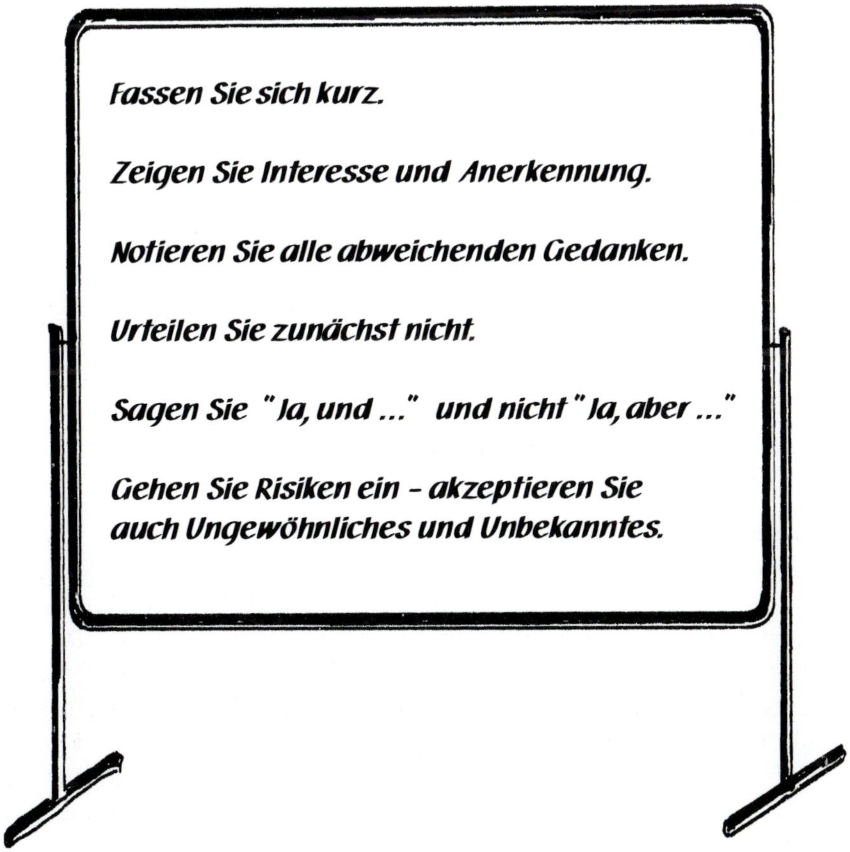

Grundregeln für »kreative« Teamsitzungen

Wenn Sie bestimmen wollen, wie innovativ Ihr Team ist, versuchen Sie, den »Teamklima-Fragebogen« auszufüllen. Er kann Ihnen klare Hinweise darauf geben, wodurch Innovation in Ihrem Team gefördert oder behindert wird.

Auszug aus dem »Teamklima-Fragebogen«

Der folgende Auszug stammt aus dem »Team Climate Inventory« © Anderson/West 1994. Wiedergabe mit Genehmigung des Verlags NFER-NELSON Publishing Company Limited, Darville House, 2 Oxford Road East, Windsor, Berkshire SL4 1DF.

Datum: --

Team: --

Anleitung

Dieser Fragebogen befasst sich mit dem Klima oder der Atmosphäre in Ihrer Arbeitsgruppe. Die Fragen behandeln die Zusammenarbeit innerhalb Ihres Teams, die Häufigkeit der Kommunikation, die Teamziele sowie die praktische Unterstützung bei der Umsetzung neuer und verbesserter Arbeitsweisen. Es gibt keine »richtigen« oder »falschen« Anworten auf diese Fragen – entscheidend ist, dass Sie jede Frage ehrlich beantworten. Halten Sie sich nicht zu lange mit einer Frage auf. Die erste Reaktion ist in der Regel die beste. Überlegen Sie bei jeder Frage, wie Ihr Team sich im Allgemeinen verhält oder was Sie über das Klima in Ihrem Team denken. Kreuzen Sie bei Ihren Antworten die jeweils zutreffende Zahl an.

Teil I: Kommunikation und Innovation					
	Überhaupt nicht	**Nicht**	**Ich bin mir nicht sicher**	**Ja**	**Unbedingt**
6. In diesem Team nehmen wir uns die nötige Zeit für die Ideenentwicklung.					
8. Jeder kann seine Meinung äußern – auch Minderheiten.					
17. Teammitglieder stellen Ressourcen zur Verfügung und teilen sie miteinander, um die Anwendung neuer Ideen zu unterstützen.					
21. Die Leute in diesem Team suchen immer nach neuen Möglichkeiten der Problemerfassung.					
26. Die Teammitglieder treffen sich häufig zu dienstlichen und auch informellen Gesprächen.					

Teil II: Ziele					
	Überhaupt nicht		**Ziemlich**		**Absolut**
27. Wie weit sind sich alle über die Teamziele im Klaren?					
28. Für wie sinnvoll und angemessen halten Sie die Ziele?					
34. Wie nutzbringend sind diese Ziele Ihrer Meinung nach für das Unternehmen?					
37. Wie stark schätzen Sie das Engagement der Teammitglieder für diese Ziele ein?					

Teil III: Arbeitsstil					
	Sehr wenig		**Etwas**		**Sehr stark**
39. Kontrollieren Sie und Ihre Kollegen sich gegenseitig, um so ein höheres Leistungsniveau zu halten?					
41. Nimmt das Team in seinem Bemühen um optimale Ergebnisse mögliche Schwächen in seiner Arbeit selbstkritisch wahr?					
42. Greifen die Teammitglieder die Ideen der anderen auf und entwickeln sie weiter, um so zu einem möglichst optimalen Resultat zu gelangen?					
44. Existieren im Team klare Kriterien, an die sich die Mitglieder halten, um als Team ausgezeichnete Arbeit zu leisten?					

Zusammenfassung

> »Fantasie ist wichtiger als Verstand. Der Verstand befasst sich mit der Vergangenheit und der Gegenwart, aber die Fantasie befasst sich mit der Zukunft.«
>
> Nach Albert Einstein

Gruppenprozesse haben maßgeblichen Einfluss auf die Innovationsbereitschaft und Innovationsfähigkeit eines Teams – besonders auf die Klarheit der Teamziele. Von Bedeutung sind ein hohes Maß an Engagement und Mitbestimmung im Team, die Bereitschaft, sich am intensiven Gespräch und der Analyse zu beteiligen, um qualitativ hochwertige Dienstleistungen oder Produkte hervorzubringen, und die generelle Unterstützung neuer und verbesserter Arbeitsmethoden im Team.

Ein anderer wichtiger Faktor ist die »bunte Vielfalt« innerhalb des Teams. Obwohl die Unterschiedlichkeit der Teammitglieder zu Konflikten führen kann – Perspektiven und Ziele können leicht miteinander konkurrieren –, so ist es doch gerade die konstruktive Auseinandersetzung, die in Teams Kreativität freisetzt und fördert. Das Team muss auch immer wieder neue Perspektiven gewinnen – durch Veränderungen in der Zusammensetzung, die Förderung von Innovationsbereitschaft und die kritische Überprüfung von Zielen, Strategien und Methoden des Teams.

Auch spielt die Organisation, zu der das Team gehört, eine wichtige Rolle, indem sie explizit und implizit neue und verbesserte Arbeitsweisen fördert. Folgende Faktoren wirken sich auf die Effektivität der Innovationsversuche aus:

- Ermutigung zu Konflikten,
- Kontroversen und Vielfalt,
- Tolerieren statt Sanktionieren von Fehlern, die bei der Suche nach neuen und verbesserten Arbeitsmethoden unterlaufen können,
- Unterstützung der Teamarbeit,
- Ressourcen, die Teams zur Verfügung gestellt werden, damit sie neue und verbesserte Arbeitsweisen entwickeln können.

Kapitel 5

Innovationen in Unternehmen

»Unternehmen, die zum richtigen Zeitpunkt Innovationen umsetzen, also neue Ideen erfolgreich realisieren, werden entscheidende Wettbewerbsvorteile auf den sich rapide ändernden Weltmärkten erringen. Die anderen Unternehmen werden den Anschluss verlieren.«
(Aus dem Weißbuch der britischen Regierung von 1993 »Realising our Potential«)

Innovationen beurteilen, messen, fördern

Eine der Hauptschwierigkeiten, Innovationen in Unternehmen zu fördern, besteht darin, dass Unternehmen Institutionen mit Kontrollfunktionen sind. Sie haben den Zweck, Einheitlichkeit und Standardisierung zu erreichen. Das Streben nach Innovation ist gegenläufig zu diesen Kontrollmechanismen. Wie können Innovationen in Unternehmen dennoch gefördert werden? Welche Faktoren in Unternehmen sind mit Innovation verbunden? – Diese Fragen sind inzwischen so bedeutend, dass weltweit Regierungen beträchtliche Forschungsgelder in die Analyse dieser Fragen investieren. Ihre Volkswirtschaften sollen durch Innovationen auf den Weltmärkten wettbewerbsfähig bleiben.

Wie also können Innovationen in Unternehmen gefördert werden? Welche Faktoren liegen Innovationen in Unternehmen zugrunde oder erleichtern deren Umsetzung? Und schließlich: Was ist eigentlich Innovation in Unternehmen?

Jüngste Forschungsergebnisse haben gezeigt, dass Neuerungen in Unternehmen dann am effektivsten sind, wenn mehrere Elemente oder Veränderungen eingeführt werden. Anstatt einen Aspekt in den Abläufen innerhalb einer Organisation zu ändern, ist es notwendig, viele Aspekte gleichzeitig und aufeinander abgestimmt zu ändern, um eine wirkliche Veränderung zu bewirken.

Beispielsweise wird die Einführung eines Vorschlagswesens in einem Unternehmen kaum zu einem Innovationsschub in der gesamten Firma führen. Alle Aspekte der Organisation müssen geprüft werden, um zu beurteilen, inwieweit sie die Innovation begünstigen oder hemmen.

Um Ihnen die Beurteilung und Durchführung von Innovationen zu erleichtern, werden wir jetzt eine Anzahl von wichtigen Merkmalen und Techniken betrachten, durch welche Innovationen direkt beeinflusst und gefördert werden.

Hierzu gehören:

- Unternehmensumfeld, Marktsegment,
- Unternehmensstruktur, Firmenkultur, Betriebsklima,
- Unternehmensstrategie,
- Technologien, Arbeitsgestaltung, Qualitätsstandard,
- Personalmanagement, Arbeitgeber-Arbeitnehmer-Beziehungen, Chancengleichheit,
- Forschung und Entwicklung.

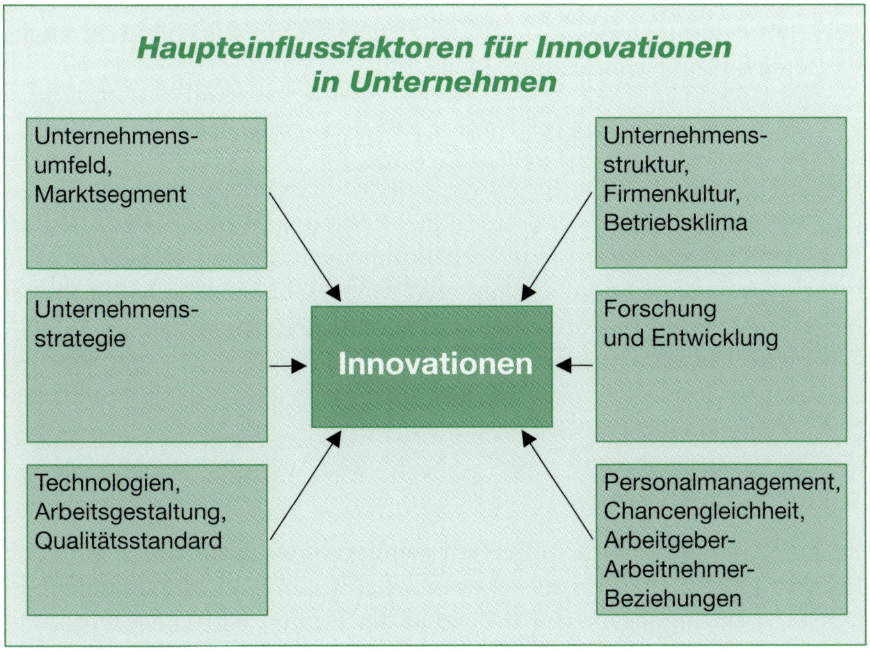

Messung von Innovation in Fertigungsunternehmen

In einer Studie zu Innovationen in britischen Fertigungsunternehmen nahmen 233 Direktoren und Manager aus 171 Unternehmen an einer Umfrage zum Thema Innovation teil (Pillinger/West 1995). Die Firmen beschäftigten zwischen 60 und 1929 Mitarbeiter. Sie repräsentierten fünf Wirtschaftszweige: Maschinenbau (45 Firmen), Elektronik (12 Firmen), Kunststoff (84 Firmen), Nahrungsmittel (9 Firmen) sowie diverse (21

Firmen). Anhand eines Fragebogens wurden die Innovationen in fünf Bereichen gemessen.

1. Produkte

Manager berichteten über die Anzahl neuer Produkte, den Prozentsatz der hierfür eingesetzten Mitarbeiter in der Produktion sowie den mit den neuen Produkten erzielten Umsatz. Dazu gehörte auch die Überarbeitung bestehender Produkte. 91 Prozent der Fertigungsunternehmen hatten während der vergangenen zwei Jahre neue Produkte eingeführt, die im Durchschnitt 15 Prozent des aktuellen Umsatzes ausmachten. Dennoch wurden nur sieben Prozent der Firmen als »mäßig« bis »sehr hoch« im Bereich Produktinnovation eingestuft.

2. Produktionstechnologie

Dieser Punkt betrifft die Einführung neuer Maschinen und/oder Systeme, wie beispielsweise CNC- und Einzelfertigungssysteme. Über 60 Prozent der Firmen hatten neue Produktionstechnologien eingeführt. Die meisten der angeführten Innovationen waren sehr spezifisch. Ein Viertel der Firmen hatte die Fertigung weiter automatisiert, wobei 15 Prozent CNC/DNC-Maschinen eingeführt hatten. 16 Prozent der Firmen wurden als »mäßig« bis »sehr hoch« im Bereich Innovation in der Produktionstechnologie eingestuft.

3. Produktionsverfahren

Zu Innovationen in diesem Bereich gehörten die Einführung von neuen Informations- und Planungssystemen, Just-in-time-Verfahren und Qualitätsverbesserung. Mehr als 70 Prozent der Firmen hatte neue Produktionsverfahren eingeführt. Die am häufigsten angeführte Innovation war die Einführung von TQM (Total Quality Management). Zu anderen häufig berichteten Innovationen gehörte die Einführung von Planungs- und Steuerungssystemen sowie weitere Qualitätsmaßnahmen. 21 Prozent der Firmen wurden als »mäßig« bis »sehr hoch« in diesem Bereich eingestuft.

4. Arbeitsorganisation

Dieser Punkt betrifft die Zuweisung von Aufgaben und Verantwortungsbereichen. Als Beispiele wurden aufgeführt: Qualifizierung und Einsatz von Mitarbeitern in mehreren Funktionen, Aufgabenwechsel (Stellentausch) und Werkstattfertigung. 75 Prozent der Unternehmen hatten in den vergangenen zwei Jahren Änderungen in der Arbeitsorganisation eingeführt. Hierzu zählte die Einführung von Teamarbeit und Änderungen in der Unternehmensstruktur. 16 Prozent der Firmen wurden als »mäßig« bis »sehr hoch« im Bereich Innovation in Arbeitsorganisationen eingestuft.

5. Personalmanagement

Der Bereich Personalmanagement befasst sich mit der Personalbeschaffung und -auswahl, Einweisung von neuen Mitarbeitern, Ausbildung und den Arbeitgeber-Arbeitnehmer-Beziehungen. Die Manager beschrieben die Innovationen, die von ihrem Unternehmen in den vergangenen zwei Jahren in diesen Bereichen durchgeführt worden waren, ihre Auswirkungen und, inwiefern diese Innovationen neu für das Unternehmen waren. Über 66 Prozent der Firmen hatten in den vergangenen zwei Jahren Änderungen in ihrem Personalmanagement eingeführt. Die häufigsten Innovationen erfolgten in den Bereichen Schulung und Fortbildung, Unternehmenskommunikation und Leistungsbeurteilung. 13 Prozent der Firmen wurden als »mäßig« bis »sehr hoch« im Bereich Innovation im Personalmanagement eingestuft.

Aus dieser Untersuchung lässt sich ersehen, dass Innovationen in Unternehmen alle Arbeitsbereiche umfassen. Insgesamt zeigen die Ergebnisse dieser Studie, dass der Grad an Innovation in Unternehmen eher niedrig war und meist nur kleinere Innovationen durchgeführt worden waren (Pillinger/West 1995).

Marktsegment

Unternehmen müssen in dem Ausmaß innovativ sein, in dem ihr Umfeld unsicher, instabil oder bedrohlich ist. Zu den Faktoren, welche die Dynamik des Umfeldes beeinflussen, gehört die Anzahl der Konkurrenten. Um mit diesen Konkurrenten Schritt zu halten oder ihnen voraus zu sein, müssen Unternehmen neue und verbesserte Verfahren, Dienstleistungen, Produkte oder Unternehmensstrukturen entwickeln. Wenn der Marktanteil etwa gleich oder geringer ist wie der von Konkurrenten, ist es in der Regel nötig, neue Produkte und Dienstleistungen zu entwickeln oder die Kosten zu reduzieren.

Die folgende Übung enthält einen Fragebogen zur Bewertung Ihres Unternehmensumfeldes.

Übung 14: Wie unsicher ist das Umfeld Ihres Unternehmens?

Die folgenden Fragen beziehen sich auf das Ausmaß von Dynamik in Ihrem Unternehmensumfeld. Die Antworten ergeben Hinweise auf den Innovationsbedarf. Je höher Ihre Gesamtpunktzahl ist (insbesondere wenn sie über 35 liegt), desto mehr Bedarf besteht für Innovation.

1 Die Maßnahmen der Konkurrenz sind relativ leicht vorhersehbar. — Die Maßnahmen der Konkurrenz sind gar nicht vorhersehbar.

☐1 ☐2 ☐3 ☐4 ☐5 ☐6 ☐7

2 Bedarf und Verbraucherwünsche sind leicht zu prognostizieren. — Bedarf und Verbraucherwünsche sind extrem schwer zu prognostizieren.

☐1 ☐2 ☐3 ☐4 ☐5 ☐6 ☐7

Nr.		
3	Die Technologie des Produktes bzw. des Services oder des Produktionsprozesses unterliegt keinen großen Veränderungen und ist fest etabliert.	Die Technologie des Produktes bzw. des Services oder des Produktionsprozesses unterliegt häufigen Veränderungen.
	1 2 3 4 5 6 7	
4	In dieser Branche versuchen Firmen, mit den Konkurrenten zu kooperieren und zu koexistieren.	In dieser Branche herrscht ein rauer Wind mit hartem Druck und feindseligen Konkurrenten.
	1 2 3 4 5 6 7	
5	In dieser Branche ist es kein Problem, laufend qualifizierte Arbeitskräfte zu finden.	In dieser Branche ist es ein sehr großes Problem, qualifizierte Arbeitskräfte zu finden.
	1 2 3 4 5 6 7	
6	Die Rentabilität von Firmen ist auf diesem Markt sehr hoch. Die meisten Firmen machen gute Gewinne.	Die durchschnittliche Rentabilität ist auf diesem Markt sehr niedrig. Die meisten Firmen in dieser Branche machen Verluste.
	1 2 3 4 5 6 7	
7	Die Marktzutrittsschranken in dieser Branche sind sehr niedrig (viele neue Wettbewerber sind auf dem Markt oder werden erwartet).	Die Marktzutrittsschranken sind sehr hoch. Es ist für neue Wettbewerber sehr schwierig, Zugang zu diesem Markt zu gewinnen.
	1 2 3 4 5 6 7	
8	In dieser Branche ist es sehr schwierig, Produkte mit einem eigenständigen Profil anzubieten.	In dieser Branche ist es leicht, Produkte bzw. Dienstleistungen mit einem eigenständigen Profil (Qualität, Kundenorientierung, Image usw.) anzubieten.
	1 2 3 4 5 6 7	

9	Die Märkte in dieser Branche sind sehr homogen (zum Beispiel: ein einzelner undifferenzierter Markt und gleichartige Kunden).	Die Märkte sind sehr heterogen (zum Beispiel sehr unterschiedliche Märkte und Kundentypen).

1 2 3 4 5 6 7

10	Diese Branche ist stark konzentriert. Sie wird beherrscht von Firmen mit hohen Marktanteilen, die starken Einfluss auf den Wettbewerb ausüben.	Diese Branche ist stark zersplittert. Keine Firma hat einen wesentlichen Marktanteil und die Stärke, den Wettbewerb zu beeinflussen.

1 2 3 4 5 6 7

(Diese Übung basiert auf einem Fragebogen aus dem Programm für Unternehmenserfolg (Corporate Performance Programme) des Institutes für Arbeitspsychologie an der Universität Sheffield.)

Unternehmenskultur

Unternehmenskultur kann man definieren als »die für selbstverständlich gehaltenen Grundeinstellungen und Paradigmen, die von allen Unternehmensmitgliedern geteilt werden und sich in deren Einstellungen niederschlagen« (nach: Slocum 1995).

Die Unternehmenskultur hat entscheidende Auswirkungen – hemmend oder fördernd – auf die erfolgreiche Umsetzung und Aufrechterhaltung von Innovationen. Weil sie ein so schwierig zu erfassendes und zu beschreibendes Phänomen ist, müssen als erstes die grundlegenden Elemente der vorherrschenden Kulturen innerhalb eines Unternehmens bestimmt werden. Zwei Dimensionen der Firmenkultur sind:

- Flexibilität im Gegensatz zu Kontrolle sowie
- Ausrichtung nach innen im Gegensatz zu Ausrichtung nach außen.

Unternehmen setzen eine Vielzahl von unterschiedlichen Strukturen ein, um der wachsenden Komplexität ihres Umfeldes zu entsprechen. Diese Strukturen bilden eine Art Kontinuum, deren Ausrichtung von Kontrolle bis hin zu Flexibilität reicht. Eine Kultur mit hoher Flexibilität ist durch flachere Organisationsstrukturen, dezentralisierte Entscheidungsfindung und einer geringen Aufgabenspezialisierung gekennzeichnet. Eine Kultur mit ausgeprägter Kontrolle weist eher hierarchische Strukturen auf, mit zentralisierter Entscheidungsfindung und vielen Spezialaufgaben entsprechenden Funktionsbezeichnungen.

Die richtige Struktur in einem Unternehmen sollte selbstverständlich die Anforderungen des äußeren Umfeldes widerspiegeln. Strukturen, die sich einmal etabliert haben, sind jedoch schwer zu ändern, selbst wenn sie Teil einer Kultur geworden sind, die nicht mehr den Anforderungen des aktuellen Umfeldes entspricht. In einem Unternehmen, das von einer starken Kontrolle geprägt ist, werden dann häufig Verfahrensregeln aufgestellt und strikt befolgt, die eigentlich im Gegensatz zu den Anforderungen stehen. Probleme werden über die Hierarchie gelöst, der Organisationsplan ändert sich selten, das Wissen wird an der Spitze des Unternehmens gesammelt. Ein großer Teil der Kommunikation verläuft in vertikaler Richtung und die Vorgesetzten geben Anweisungen anstelle von Ratschlägen und Informationen.

Ein weiteres wichtiges Erkennungsmerkmal der Kultur in einer Firma ist die Art und Weise, in der sie Beziehungen zu ihrem Umfeld unterhält. Unternehmen liegen innerhalb eines Spektrums von hochgradig nach innen bis zu hochgradig nach außen gerichteten Organisationen. Eine nach innen gerichtete Kultur ist gekennzeichnet durch ein Interesse daran, was innerhalb des Unternehmens abläuft. Daher liegt hier der Schwerpunkt der betrieblichen und strategischen Anstrengungen im Wesentlichen auf dem internen Management. Eine nach außen ausgerichtete Kultur ist stärker gekennzeichnet durch ein Interesse an Kunden, Märkten, Beschaffung von Ressourcen und der Analyse des Firmenumfeldes. Solche Unternehmen sind bestrebt, von der Praxis anderer Unternehmen zu lernen. Die Aktivitäten der Konkurrenz werden genau beobachtet. Es existieren Systeme, die die Kunden in die Entwicklung von Dienstleistungen einbeziehen. Ein großer Teil der Kommunikation ist zur Vermittlung eines bestimmten Firmenimages nach außen gerichtet. Viele Mitarbeiter haben Kontakte zu externen Gruppen oder Organisationen.

Quinn und andere haben 1990 die Bezugsgrößen »Kontrolle« und »Ausrichtung« nach innen bzw. außen zu einem Koordinatensystem konkurrierender Kulturen zusammengefasst (Abbildung auf Seite 109). Dieses Koordinatensystem beschreibt vier miteinander konkurrierende Ausrichtungen von Firmenkulturen, wie man sie in Unternehmen findet.

Modell: Zwischenmenschliche Beziehungen

Flexibel, intern

Firmen, deren Kultur vorwiegend auf zwischenmenschliche Beziehungen ausgerichtet ist, zeichnen sich durch ein Interesse daran aus, dass die Mitarbeiter engagiert sind, die Zufriedenheit der Mitarbeiter mit ihrem Arbeitsplatz groß ist, und dass es ein hohes Niveau an beruflicher Weiterbildung gibt, um das Leistungspotenzial der Mitarbeiter zu maximieren. Der Schwerpunkt des Managements liegt auf Beteiligung, Offenheit, Diskussion und Beratung. Die Identifikation mit der Firma und Vertrauen sind Kernwerte. Führungskräfte haben ihre Mitarbeiter im Blick, ermutigen sie und fördern die Interaktion und Leistungsfähigkeit durch Teamarbeit. Auf Aus- und Fortbildung wird großer Wert gelegt.

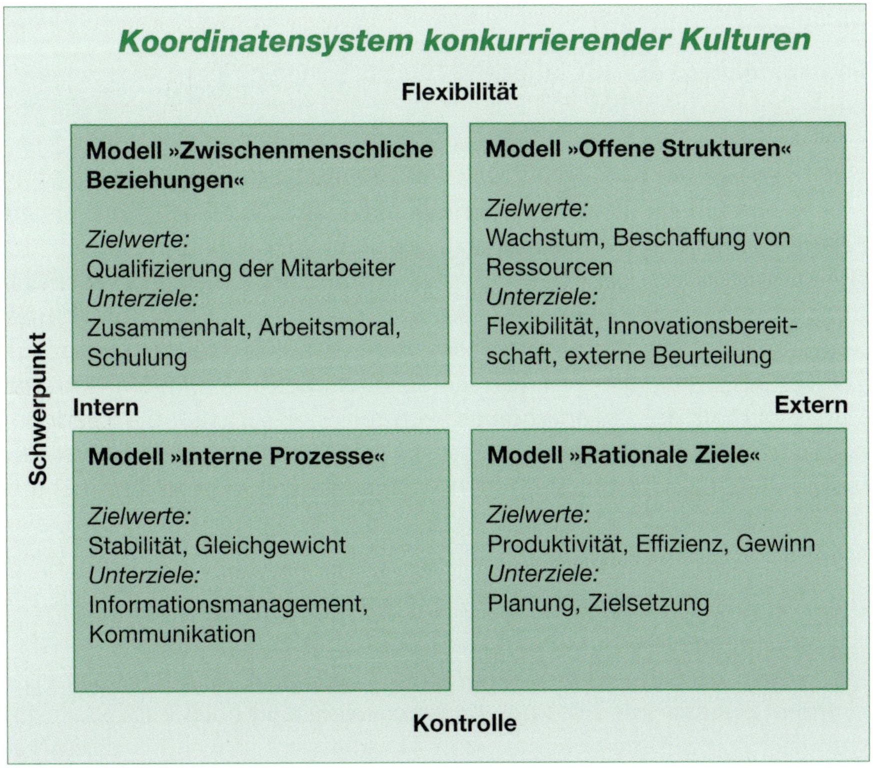

Modell: Offene Strukturen

Flexibel, extern

Bei dieser Art von Unternehmenskultur liegt der Schwerpunkt auf Flexibilität und Veränderung. Das primäre Interesse des Unternehmens liegt auf seiner Fähigkeit, sich schnell und optimal an sein Umfeld anzupassen. Rollen und Verfahren sind speziell auf die Wahrnehmung des Kontaktes mit dem Umfeld angelegt. Das Unternehmen legt großen Wert auf die Innovationsbereitschaft seiner Mitarbeiter. Der Beschaffung von Ressourcen wird ebenfalls eine hohe Priorität eingeräumt, also der Beschaffung von geeignetem Material, fähigen Mitarbeitern, Finanzressourcen und der Erhebung von Daten über Kundenbedürfnisse und über die Aktivitäten der Konkurrenz. Die Führungskräfte sind bestrebt, unternehmerisch zu handeln, sie sind risikobereit und fähig, Zukunftsvisionen zu entwickeln und zu vermitteln. Merkmale dieser Struktur umfassen Wachstum, Belebung, Kreativität und Vielfalt.

Modell: Rationale Ziele

Kontrolle, extern

Firmenkulturen, die auf rationalen Zielen basieren, legen den Schwerpunkt auf Produktivität und Zielerfüllung. Planung, Klärung von Zielen, Lenkung von oben und Unbeirrbarkeit sind Merkmale dieser Kulturen. Das Interesse der Manager liegt in der Befriedigung von Kundenwünschen, speziell in Bezug auf Pünktlichkeit und Qualität. Die meisten Leistungsindikatoren beziehen sich auf Rentabilität und Produktivität. Die Führungskräfte geben Anweisungen, sind zielorientiert und denken funktional. Die Unternehmensstrukturen sind meistens funktional, und Kommunikation erfolgt über die Hierarchie. Entscheidungen werden auf Ebenen getroffen, die von den alltäglichen Betriebsabläufen entfernt sind. Innerhalb des Unternehmens herrscht Erfolgsdruck. Mitarbeiter erhalten gewöhnlich eine gezielte Aus- und Weiterbildung. Häufig werden Verfahren zur Bewertung der individuellen Leistung eingesetzt.

Modell: Interne Prozesse

Kontrolle, intern

Unternehmen mit einer Kultur, die auf die internen Prozesse hin ausgerichtet ist, haben hoch entwickelte Informations- und Steuerungssysteme. Es liegt ein Schwerpunkt auf Regeln, Vorschriften und formalen Prozeduren. Systeme zur Unternehmenssteuerung sind hoch entwickelt. Es wird viel Zeit auf die Schulung von Mitarbeitern verwendet, damit sie diese Systeme verstehen und anwenden können. Das Management der Führungskräfte ist durch Berichtswesen geprägt – die Betonung wird dabei mehr auf das Messen der Leistungsfaktoren als auf das der Ergebnisse gelegt. Die Führungskräfte neigen bei Entscheidungen zu vorsichtigem und konservativem Handeln. Motivationsfaktoren in dieser Art von Firmenkultur spiegeln weitgehend ein Bedürfnis nach Sicherheit, Stabilität und Ordnung wider. (Eine detaillierte Darstellung des Koordinatensystems finden Sie bei Quinn et. al. 1990.)

Unternehmen mit einer Kultur, die sich vorwiegend in der oberen Hälfte des Koordinatensystems konkurrierender Kulturen befindet, haben mit der Einführung von Innovationen weniger Schwierigkeiten als solche Firmen, bei denen sich die Kultur hauptsächlich an rationalen Zielen oder internen Prozessen orientiert. Dies liegt zum Teil daran, dass die erstgenannten Firmen bereits viele der notwendigen Merkmale aufweisen. Beispielsweise ermöglichen bestimmte Managementmethoden und auf Teamarbeit basierende Strukturen Flexibilität und Veränderung. In flexiblen Unternehmen gibt es viel weniger Widerstand gegenüber neuen Methoden.

Wenn sich die Kultur einer Firma jedoch überwiegend in der unteren Hälfte des Koordinatensystems befindet, müssen längere Zeiträume für die Umsetzung von Veränderungen einkalkuliert werden, um die Innovationsbereitschaft zu fördern. Es ist auch mit einem beträchtlichen Widerstand von Mitarbeitern zu rechnen, die einen Kontrollverlust befürchten, insbesondere den Verlust der persönlichen Kontrolle über ihr Umfeld. Selbstverständlich befindet sich kein Unternehmen vollständig innerhalb eines Ausschnitts des Koordinatensystems. Es gibt Unterschiede zwischen Gruppen und Unterschiede zwischen Personen innerhalb von Gruppen. Die vorherrschende Kultur innerhalb eines Unternehmens hat jedoch Strukturen, die diese Kultur immer wieder verstärken.

Einige Forschungsergebnisse legen nahe, dass die effektivsten Unternehmen relativ ausgeglichene Kulturen besitzen. Das heißt: ihre Kulturen orientieren sich in einem ausreichenden Maß an internen Prozessen und rationalen Zielen, aber es wird auch ein erhebliches Gewicht auf die zwischenmenschlichen Beziehungen und auf offene Strukturen gelegt. Nicht-innovative Unternehmen weisen in der Regel Kulturen auf, die in den beiden letztgenannten Bereichen nur schwach entwickelt sind.

Betriebsklima

Zusätzlich zu ihrem positiven oder negativen Einfluss auf strukturelle Entscheidungen hat die Unternehmenskultur auch Auswirkungen auf das Klima, in dem Innovationen eingeführt werden. Der Begriff »Betriebsklima« bezieht sich auf sämtliche Arbeitsbereiche eines Unternehmens, und zwar so, wie sie sich aus der Sicht der Mitarbeiter darstellen. Es ist die Antwort auf die Frage »Wie ist es, hier zu arbeiten?« Klima ist eine Metapher, die beschreibt, wie die Gesamtheit der Mitarbeiter ihr betriebliches Umfeld wahrnimmt: eine Wahrnehmung, die die Motivation sowie die Innovationsbereitschaft und die Leistung der Mitarbeiter beeinflusst.

Bestimmte Aspekte des Betriebsklimas haben spezielle Auswirkungen auf die Fähigkeit eines Unternehmens, Innovationen erfolgreich einzuführen. Hierzu gehören Kommunikation, Mitspracherecht, Kooperation zwischen Abteilungen, Unterstützung von Innovationen und Reflexionsvermögen. Diese Punkte lassen sich mit dem Fragebogen in Übung 15 einschätzen.

Übung 15: Betriebsklima

Mit den folgenden Fragen werden Aspekte des Betriebsklimas untersucht. Bitten Sie Mitarbeiter in Ihrer Firma, diesen Fragebogen auszufüllen, damit Sie eine Vorstellung von deren Wahrnehmung des Arbeitsumfeldes bzw. des Betriebsklimas erhalten.

Kreuzen Sie jeweils an, inwieweit Sie mit jeder Aussage im Zusammenhang mit Ihrer Firma übereinstimmen.

	Absolut nicht gegeben	**Nein**	Weder ja noch nein	Ja	Unbedingt gegeben
Innovation					
1. Die Entwicklung neuer Ideen wird sofort unterstützt.	1	2	3	4	5
2. Diese Firma bietet praktische Unterstützung für neue Ideen und deren Anwendung.	1	2	3	4	5
3. Diese Firma gewährt keine Zeit zur Entwicklung von Ideen.	1	2	3	4	5
4. Diese Firma sucht nie nach neuen Wegen zur Problemerfassung.	1	2	3	4	5
Reflexionsvermögen					
1. In dieser Firma werden Ziele angesichts sich verändernder Bedingungen modifiziert.	1	2	3	4	5
2. Die von der Firma eingesetzten Methoden zur Aufgabenerfüllung werden oft diskutiert.	1	2	3	4	5
3. Unternehmensstrategien werden selten geändert.	1	2	3	4	5
4. In dieser Firma wird keine Zeit darauf verwendet, Unternehmensziele zu überprüfen.	1	2	3	4	5

Übung 15 (Fortsetzung)

	Absolut nicht gegeben	**Nein**	Weder ja noch nein	Ja	Unbedingt gegeben
Mitbestimmung					
1. Das Management beteiligt die Mitarbeiter an Entscheidungen, die sie betreffen.	1	2	3	4	5
2. Die Mitarbeiter in dieser Firma haben das Gefühl, dass sie auf Entscheidungen, die sie betreffen, Einfluss nehmen können.	1	2	3	4	5
3. Änderungen in dieser Firma werden ohne Einbeziehung der betroffenen Mitarbeiter vorgenommen.	1	2	3	4	5
4. Die Mitarbeiter haben das Gefühl, dass Entscheidungen häufig über ihren Kopf hinweg getroffen werden.	1	2	3	4	5
Beziehungen zwischen den Abteilungen					
1. Zwischen den Abteilungen in dieser Firma gibt es sehr wenig Konflikte.	1	2	3	4	5
2. Die Zusammenarbeit zwischen den Abteilungen ist sehr effektiv.	1	2	3	4	5
3. Die Mitarbeiter sind misstrauisch anderen Abteilungen gegenüber.	1	2	3	4	5
4. Die Mitarbeiter in den verschiedenen Abteilungen dieses Unternehmens teilen ungern Informationen mit anderen Abteilungen.	1	2	3	4	5

Übung 15 (Fortsetzung)

	Absolut nicht gegeben	**Nein**	Weder ja noch nein	Ja	Unbedingt gegeben
Qualität					
1. Diese Firma ist immer bestrebt, den höchsten Qualitätsstandard zu erzielen.	1	2	3	4	5
2. Die Mitarbeiter in dieser Firma sind überzeugt, dass der Erfolg von qualitativ hochwertiger Arbeit abhängt.	1	2	3	4	5
3. Diese Firma hat keinen guten Ruf für hohe Qualität.	1	2	3	4	5
4. Für die Mitarbeiter in dieser Firma hat Arbeit mit hoher Qualität keine große Bedeutung.	1	2	3	4	5

Diese Übung basiert auf dem Programm für Unternehmenserfolg (Corporate Performance Programme) des Institutes für Arbeitspsychologie an der Universität Sheffield.

Übung 15 (Fortsetzung)

Auswertung: Fragebogen zum Betriebsklima

Markieren Sie Ihre Punktzahl für jeden Abschnitt mit einem X

	Schlecht		Mittel		Gut
Innovation					
Addieren Sie die Punkte für die Fragen 1 und 2, und ziehen Sie dann die Punkte für die Fragen 3 und 4 ab.	– 8	– 4	0	+ 4	+ 8
Reflexionsvermögen					
Addieren Sie die Punkte für die Fragen 1 und 2, und ziehen Sie dann die Punkte für die Fragen 3 und 4 ab.	– 8	– 4	0	+ 4	+ 8
Mitbestimmung					
Addieren Sie die Punkte für die Fragen 1 und 2, und ziehen Sie dann die Punkte für die Fragen 3 und 4 ab.	– 8	– 4	0	+ 4	+ 8
Beziehungen zwischen den Abteilungen					
Addieren Sie die Punkte für die Fragen 1 und 2, und ziehen Sie dann die Punkte für die Fragen 3 und 4 ab.	– 8	– 4	0	+ 4	+ 8
Qualität					
Addieren Sie die Punkte für die Fragen 1 und 2, und ziehen Sie dann die Punkte für die Fragen 3 und 4 ab.	– 8	– 4	0	+ 4	+ 8

Unternehmensstruktur

Forscher und Wissenschaftler haben übereinstimmend darauf hingewiesen, dass Unternehmen mit flachen, organischen Strukturen eher für Innovationen bereit sind als Unternehmen mit vielen Hierarchieebenen und einem starken Schwerpunkt auf Kontrolle.

Ein weiterer strukturbedingter Indikator für die Innovationsbereitschaft ist der Grad, in dem die Entscheidungsfindung zentralisiert ist. Je mehr Verantwortung für Entscheidungen bei den betroffenen Stellen liegt, desto mehr steigt die Bereitschaft für Innovationen. Wenn den Mitarbeitern Verantwortung und Entscheidungsfreiräume für ihre Arbeit gegeben werden, bringen sie eher bessere Vorschläge für neue Arbeitsweisen ein.

Die folgende Übung 16 (Seite 118) ermöglicht eine Bewertung des Dezentralisierungsgrades innerhalb von Firmen. Die Studie meiner Kollegen am Institut für Arbeitspsychologie weist darauf hin, dass viele Manager in der Fertigungsindustrie glauben, sie hätten in ihren Firmen die Entscheidungsfindung dezentralisiert (West u.a. 1996). Die Prüfung zeigt dann jedoch, dass die wirkliche Entscheidungskompetenz tatsächlich beim oberen Management liegt.

Kommunikation

Kommunikation erleichtert Innovation, da der wechselseitige Austausch von Informationen mit gleich-, über- und untergeordneten Stellen die Entwicklung von neuen und besseren Ideen fördert. Durch den Austausch von Informationen werden Daten gewonnen, die zu Ideen für neue Verfahren, zu einer kritischen Betrachtung bestehender Praktiken oder zu neuen, unerwarteten Erkenntnissen führen können. Informationen sind ein Katalysator für Innovationen.

Unternehmen, die den breiten Austausch von Wissen und Informationen fördern, profitieren im Gegenzug von den innovativen Ideen ihrer Mitarbeiter. Zu den einfachen Fragen, die bezüglich der Kommunikation in

Übung 16: Zentralisierung von Entscheidungen

Stellen Sie mit Hilfe dieser Übersicht fest: Welche ist die unterste Ebene in Ihrer Firma, die Entscheidungsbefugnisse hat? Wer kann Entscheidungen ohne eine Bestätigung von oben treffen?

	Sachbearbeiter	Gruppenleiter	Abteilungsleiter	**Betriebsleiter**	Geschäftsführer	Vorstand
Ausgaben außerhalb des Budgets (mehr als DM 1.000).	1	2	3	4	5	6
Eine neue Stelle schaffen.	1	2	3	4	5	6
Ein neues Produkt/eine neue Dienstleistung entwickeln.	1	2	3	4	5	6
Den Preis für ein neues Produkt/eine neue Dienstleistung festlegen.	1	2	3	4	5	6
Einen Mitarbeiter entlassen.	1	2	3	4	5	6
Zulieferer/ Dienstleister auswählen.	1	2	3	4	5	6
Einen Mitarbeiter befördern.	1	2	3	4	5	6
Einen Mitarbeiter einstellen.	1	2	3	4	5	6

Je stärker die Entscheidungsbefugnisse auf Managementebene konzentriert sind, desto unwahrscheinlicher ist es, dass auf den nachgeordneten Ebenen Innovationen gefördert werden.

Unternehmen gestellt werden können, gehören: In welcher Art und Weise erhalten die Mitarbeiter Informationen? Gibt es beispielsweise eine Firmenzeitung, und wenn ja, wie oft? Erhält das Management – schriftlich oder mündlich – Informationen über die Unternehmensleistung oder andere Firmenangelegenheiten, und wenn ja, wie oft? Werden auch andere Stellen in der Firma – schriftlich oder mündlich – über die Unternehmensleistung informiert, und wenn ja, wie oft? Die Antworten auf solche Fragen zeigen, ob zumindest ein Basis-Kommunikationssystem vorhanden ist. Leider ist dies in vielen Unternehmen nicht der Fall.

Unternehmen, die die Kommunikation zwischen unterschiedlichen Arbeitsbereichen, Berufsgruppen und Spezialgebieten fördern, stimulieren dadurch gleichzeitig Innovationen. Die Integration oder Vernetzung der diversen Bereiche und Gruppen fördert Neuerungen mittels funktionsübergreifender Kommunikation zwischen verschiedenen Abteilungen. Um die Abstimmung von Entscheidungen in mehreren Bereichen des Unternehmens zu gewährleisten, ist es wichtig, dass solche Methoden benutzt werden. Man kann abteilungsübergreifend Gruppen bzw. Teams bilden, um den Abteilungen eine gemeinsame Entscheidungsfindung zu ermöglichen. Es können Arbeitsgruppen oder Gremien auf Zeit sein, um die Zusammenarbeit zwischen Abteilungen zu erleichtern, interdisziplinäre Teams oder Projektgruppen.

Wettbewerbsstrategien

Auch Wettbewerbsstrategien haben Einfluss darauf, wie Innovationen in Unternehmen gefördert werden. Neue Verfahren, wie zum Beispiel Business Reengineering, die Einführung firmenexterner Schulungen und der Einsatz von Unternehmensberatern können sich auf das Ausmaß von Innovationen auswirken. Zu weiteren Wettbewerbsstrategien, die Innovationen fördern, gehören:

- das Ziel, Dienstleistungen oder Produkte mit hoher Qualität zu produzieren, um das Unternehmen von der Konkurrenz abzuheben;
- ein besseres Serviceangebot für Kunden;
- die Anpassung von Produkten oder Dienstleistungen an spezielle Kundenbedürfnisse;
- die Bereitstellung von zusätzlichen Produkten oder Dienstleistungen zur umfassenden Bedarfsdeckung der Kunden;
- die Entwicklung von Produkten oder Dienstleistungen;
- das Tempo der Einführung von Innovationen;
- ein neues Betriebsgebäude, neue Ausrüstung und verbesserte Verfahren.

Technologien

Innovation ist sowohl die Ursache als auch die Folge des Ausmaßes, in dem ein Unternehmen neue Technologien zur Steigerung der betrieblichen Effektivität testet und nutzt. Innovative Unternehmen sind bereit, neue und verbesserte Technologien auszuprobieren. Die Schlüsselfragen lauten:

- Ist das Unternehmen bereit, neue Technologien zu erproben, um Produkte und Dienstleistungen zu verbessern?
- Ist das Unternehmen bereit, in die Entwicklung neuer Systeme zu investieren?
- Oder besteht in dem Unternehmen nur dann die Bereitschaft, neue Technologien einzusetzen, wenn diese bereits etabliert und in anderen Unternehmen eingeführt sind?

Arbeitsgestaltung

In den Kapiteln 3 und 4 haben wir die Vorteile diskutiert, die sich ergeben, wenn die Gestaltung der Arbeit und die Festlegung der Teamziele in einer Weise erfolgt, durch welche die Arbeitsmotivation gesteigert und gleichzeitig Herausforderungen für die Mitarbeiter oder Teammitglieder geschaffen werden. Viele Mitarbeiter in Firmen sind ungelernte Arbeitskräfte und führen Arbeiten aus, bei denen ihre Verantwortung für die Arbeit und die Ergebnisse gering sind. Es ist unwahrscheinlich, dass Innovationen in solchen Unternehmen gefördert werden.

Innovationen sind naturgemäß häufiger in Unternehmen zu finden, in denen der Grad der Qualifizierung der Mitarbeiter und der Entwicklung hoch ist – oder wo Mehrfachqualifikationen die Regel sind (das heißt: die Mitarbeiter innerhalb der Firma können eine Anzahl verschiedener Funktionen ausüben, da sie die Anforderungen und Belastungen unterschiedlicher Jobs kennen gelernt haben). Innovative Unternehmen praktizieren Job-Rotation und den Einsatz von Mitarbeitern in mehreren Funktionen. Sie fördern die funktionsübergreifende Zusammenarbeit zwischen Abteilungen, damit die Mitarbeiter sowohl das Unternehmen in seiner Gesamtheit als auch die Arbeit von einzelnen Abteilungen kennen lernen. Solche Unternehmen befriedigen das Bedürfnis ihrer Mitarbeiter nach Wissen und Kompetenz.

Ein Hinweis auf die Qualität der Arbeitsgestaltung in Bezug auf Innovation ist der *Arbeitszyklus*:

> Zum Beispiel beobachtete ich in einem Unternehmen zwei Arbeiterinnen, die Strümpfe in eine Schachtel packen mussten. Jeder Arbeitszyklus (Verpacken eines Strumpfpaares) betrug etwa drei Sekunden. Da die Arbeiterinnen nach der Anzahl der verpackten Strümpfe bezahlt werden, ist der Arbeitszyklus extrem kurz und sehr belastend.
>
> Ein ähnlich kurzer Zyklus findet sich bei Postmitarbeitern, die auf falsch kodierten Postsendungen die richtigen Postleitzahlen eintragen. Hier beträgt der Arbeitszyklus ungefähr 1,2 Sekunden.

Vergleichen Sie dies einmal mit der Länge der Arbeitszyklen', die mit einem Forschungsprojekt verbunden sind, das zwei oder drei Jahre dauern kann, oder mit dem Schreiben eines Buches, das sechs Monate in Anspruch nimmt. Längere Zykluszeiten implizieren eindeutig mehr Gelegenheiten für Innovationen. Sehr kurze Arbeitszyklen produzieren Langeweile und Stress.

Ein weiterer Einflussfaktor für Innovationen ist die *Vielseitigkeit der Arbeit*. Die Mitarbeit bei einem Forschungsprojekt bietet unendlich mehr Vielseitigkeit als das Verpacken von Strümpfen oder das Eingeben von Postleitzahlen – also auch viel mehr Möglichkeiten für neue Ideen. Wie also könnten Innovationen bei diesen einfachen Jobs gefördert werden? Eine Methode ist, diese Arbeitsplätze einfach so umzugestalten, dass sie mehr Aufgabenelemente enthalten. Eine andere Methode ist Job-Rotation, der systematische Arbeitsplatzwechsel, um so die Vielseitigkeit der

Welches sind die Auslöser von Innovation?

Herausforderung und Koordination

In einer Studie zu Innovationen in britischen Fertigungsunternehmen (Pillinger/West 1995), die oben vorgestellt wurde, zeigten die Ergebnisse zwei Merkmale, die mit insgesamt verstärkter Innovation in Firmen verbunden sind. Dies waren ein *kleinerer Marktanteil* und *Teamarbeit*.

- Firmen mit einem geringeren Marktanteil und Firmen, in denen die Verantwortung für die Arbeit mehr bei Teams als bei Einzelpersonen lag, waren innovativer.
- Teamarbeit wird von vielen als ein effektiver Weg zu Innovationen betrachtet, obwohl sie natürlich für viele Firmen eine Innovation an sich darstellt. In den innovativsten Firmen bestand eine gute Kommunikation und Kooperation zwischen den Abteilungen. Sie waren stärker darauf eingestellt, sich Kundenanforderungen anzupassen, sie unterstützten Ideen für neue und verbesserte Verfahren, und zu ihrer Politik gehörte eine ständige Prüfung und Modifikation von Abläufen.

Die Ergebnisse zeigten ein Bild von Firmen, bei denen Innovationen in einer evolutionären Weise entstehen, indem sie sich Bedrohungen und Anforderungen von außen anpassen. Die Schlussfolgerung des Berichtes war jedoch die, dass »die Herausforderung für diese Firmen in der Zukunft darin besteht, innovative Strategien zu entwickeln, mit denen sie ihre Position auf dem Markt selbst bestimmen können, statt nur auf deren Veränderung zu reagieren«.

Aufgaben zu erhöhen. Wenn Mitarbeiter verschiedene Arbeitsplätze innerhalb des Unternehmens kennen lernen, werden sie eher nützliche Ideen zur Verbesserung der betrieblichen Abläufe einbringen.

Innovation wird auch dadurch gefördert, dass Mitarbeitern auf allen Ebenen die Verantwortung für Qualitätsprobleme, für Probleme mit dem Materialfluss, bei der Reparatur von Maschinen oder technischen Systemen, Pausenregelungen und für Arbeitsabläufe übertragen wird. Je mehr Verantwortung die Mitarbeiter auf den untersten Ebenen des Unternehmens haben, umso wahrscheinlicher ist es, dass Innovationen gefördert werden.

Mein Kollege Toby Wall führte eine Studie in einer Phase durch, in der den Maschinenführern die Verantwortung für laufende Wartungsarbeiten von hoch entwickelten Fertigungssystemen übertragen wurde (Wall/Jackson 1995). Zuvor hatten sie bei Maschinenstörungen oder Wartungsarbeiten immer Techniker holen müssen. Die Einführung größerer Verantwortung und Selbstständigkeit für die Arbeiter hatte unerwartete Auswirkungen. Nicht nur waren die Ausfallzeiten der Maschinen viel kürzer, auch die Häufigkeit der Ausfallzeiten wurde reduziert. Offenbar führten die Maschinenführer die Wartung ihrer Maschinen nicht nur so durch, dass sie schneller wieder in Gang kamen, sondern sie sahen auch Probleme voraus und verhinderten deren Auftreten von vornherein.

Vergleicht man Unternehmen aus einer Branche miteinander, so ist in der Regel das für die Arbeit auf der untersten Ebene notwendige Fachwissen ein guter Indikator dafür, wie viel Verantwortung den Mitarbeitern übertragen worden ist – und somit auch dafür, wie stark Innovationen gefördert werden.

Qualität

Eine Haupterkenntnis aus unserer Studie zu Dienstleistungs- und Fertigungsunternehmen ist, dass die Betonung von Qualität etwas über die Innovationsbereitschaft aussagt. Ob und wie Qualität formal bewertet wird, zum Beispiel bei Kundenreklamationen und Fehlerraten, ist ein Indikator dafür, wie weit Qualitätspolitik betrieben wird und dadurch Innovationen ermöglicht werden. Selbstverständlich ist die Qualitätskontrolle an sich von geringem Wert, wenn das Personal nicht umgehend und in verständlicher Weise darüber informiert wird. Zudem ist die Schulung in Qualitätsfragen für das Personal auf allen Ebenen zwingend erforderlich, wenn die Qualität verbessert werden soll.

»Mit Qualität hat man immer Erfolg.
Die Frage ist, ob man ohne Qualität Erfolg haben kann.«
Hanns Joachim Friedrichs

»Müller hat gerade ein Qualitätstraining mitgemacht.«

Personalmanagement

Der Stil des Managements von Mitarbeitern in Unternehmen beeinflusst deren Beiträge zu betrieblichen Innovationen. Das Engagement des Unternehmens im Personalmanagement ist ein Hinweis auf seine Orientierung an zwischenmenschlichen Beziehungen (siehe Seite 108). Doch gibt es erstaunlicherweise in vielen Unternehmen keinen Hauptverantwortli-

Übung 17: Betonung der Qualität

Stellen Sie nun fest, welchen Stellenwert Qualität in Ihrem Unternehmen einnimmt.

1. **Inwieweit ist das gesamte Personal für die Qualität zuständig?**
   In welchem Ausmaß sind Mitarbeiter für das Überwachen und Beheben von Qualitätsproblemen verantwortlich? Haben sie die Befugnis, Änderungen vorzunehmen, um die Qualitätskriterien zu erfüllen? Wie weit sind Feedback-Mechanismen entwickelt, die allen beteiligten Mitarbeitern schnelle und genaue Informationen zur gelieferten Qualität gibt?

1	2	3	4	5
sehr gering	gering	weder gering noch niedrig	hoch	sehr hoch

2. **Gibt es eine Qualitätsstrategie in Ihrer Firma?**
   Hat das Unternehmen Dokumente zu seiner Qualitätspolitik? Inwieweit hat das Unternehmen Standards (zum Beispiel ISO 9000) eingeführt?

1	2	3	4	5
keine	kaum	mittel	gut	sehr gut

3. **Welche Anstrengungen werden unternommen, um die Qualität in Ihrem Unternehmen zu verbessern?**
   Wie viel Geld und Zeit wird auf die Förderung der Qualität verwendet, auf welchen Ebenen befinden sich die für die Qualitätspolitik verantwortlichen Personen? In welchem Umfang werden Ressourcen eingesetzt, um Mitarbeiter in der Qualitätsprüfung zu schulen?

1	2	3	4	5
sehr wenig	wenig	mittel	viel	sehr viel

4. **In welchem Maße wird auf Qualität in Ihrem Unternehmen Wert gelegt?**
   Bezieht sich diese Wertschätzung auf alle Arbeits- und Funktionsbereiche des Unternehmens, wie zum Beispiel Managerkonferenzen, Arbeitsumgebungen, Kundendienst, Produkt- und Servicequalität, Telefonkommunikation, schriftliche Unterlagen und Veröffentlichungen?

1	2	3	4	5
sehr gering	gering	mittel	hoch	sehr hoch

chen für Personalangelegenheiten. Mit dem Hinweis darauf, dass Personalangelegenheiten am besten von Linienmanagern übernommen werden sollten, wird oft ein fehlendes Personalmanagement entschuldigt.

Dieser Befund unterscheidet sich von dem Bild, das in der Diskussion über Personalmanagement in den Medien, in betriebswirtschaftlichen Studiengängen sowie in Managementbüchern gezeichnet wird. Im Idealfall beweist ein Unternehmen sein Engagement für Personalmanagement dadurch, dass ein Mitglied der Geschäftsleitung für das Personal zuständig ist. In einem Unternehmen sollte es auch eine von der Unternehmensleitung beschlossene Personalpolitik geben, die in Arbeitsprogramme umgesetzt wird. Mitarbeiterbeurteilungen und Gespräche über den Karriereaufbau sollten zu den Aufgaben von Managern gehören. Zudem stellt sich die Frage: Welche weiteren Aspekte des Personalmanagements sollten hinsichtlich der Innovationsförderung bei der Gestaltung betrieblicher Abläufe berücksichtigt werden?

Anwerbung und Auswahl von Mitarbeitern

Welches Interesse ein Unternehmen an qualifizierten und geeigneten Mitarbeitern hat, zeigt sich daran, wie differenziert die Verfahren der Personalbeschaffung und -auswahl sind und welcher Stellenwert ihnen zukommt. Dort, wo diese Verfahren wenig entwickelt sind, kann man davon ausgehen, dass sich das Unternehmen mit Minimalqualifikationen zufrieden gibt und Innovationen nicht fördert. Zu den wenig entwickelten Auswahlmethoden gehören: die ausschließliche Besetzung von freien Stellen mit vorhandenen Mitarbeitern, die interne Ausschreibung von Stellen oder die Einstellung von Mitarbeitern aufgrund mündlicher Empfehlungen. Differenziertere Auswahlmethoden umfassen: externe Stellenausschreibungen, Einbeziehen von Personalagenturen und Arbeitsamt sowie die Förderung von Auszubildenden.

Einige Wissenschaftler vertreten den Standpunkt, dass Manager zu einer Methode des »Anlockens-Einstellens-Zermürbens« neigen, indem sie Bewerber gewinnen, die den Mitarbeitern im Unternehmen sehr ähnlich sind, jene auswählen, die ihnen selbst ähnlich sind, und durch unbewusste Praktiken jene aus dem Unternehmen drängen, die sich von anderen im Unternehmen unterscheiden. Solche Vorgehensweisen reduzieren die Vielfalt und blockieren Innovationen.

Es ist bekannt, dass Einstellungsgespräche, die nur von einer Person geführt werden, die Prüfung des Lebenslaufs und das Einholen von Referenzen sehr mangelhafte Methoden im Hinblick auf eine Prognose der Arbeitsleistung sind. Jedoch können Einstellungsgespräche in größerer Runde, psychometrische Tests, Arbeitsproben und Eignungstests große Hilfen im Auswahlverfahren darstellen. Selbstverständlich ist die Kombination von mehreren Methoden der beste Weg, insbesondere wenn Informationen über die Arbeitsleistung des Bewerbers hinzukommen.

Mitarbeiterbeurteilungen

Wo reguläre Beurteilungssysteme existieren, die auf Zielvorgaben und Rückmeldung der gemessenen Arbeitsleistung ausgerichtet sind, zeigt sich, dass sich als Folge davon die Leistung verbessert. Beurteilungssysteme sind jedoch oft kompliziert, und ihre Ziele werden durch Sonderzahlungsregelungen und Aufstiegsmöglichkeiten überlagert. Solche Beurteilungsmethoden mit vielen Anreizen sind relativ ineffektiv.

Im Idealfall sollte ein Beurteilungssystem lediglich auf eine einheitliche Zielsetzung und Leistungsbewertung ausgerichtet sein und auf der Basis von klaren Vorgaben und spezifischen, vereinbarten Kriterien erfolgen. Beurteilungssysteme können auch im Blick auf ihre Anwendung innerhalb der Belegschaft bewertet werden – bei Managern, Technikern, Büro- und Verwaltungsangestellten und Arbeitern. Sie sollten mindestens einmal pro Jahr eingesetzt werden und zwar von geschulten Kräften. Im Idealfall sollte zwischen den Beurteilungen und der Entlohnung kein Zusammenhang bestehen. Ein wesentlicher Schwerpunkt sollte darauf liegen, die Mitarbeiter in die Festlegung von Zielen und das Suchen von Wegen für ihre persönliche Fortbildung einzubeziehen. Außerdem ist es natürlich wichtig, dass es ein geregeltes Verfahren gibt, um zu kontrollieren, ob die Bewertungen vorschriftsgemäß stattgefunden haben.

Entlohnung

Wenn man Innovationen im Unternehmen fördern will, dann sollten Entlohnungssysteme eindeutig auf dieses Ziel abgestimmt sein. Zum Beispiel können die Mitarbeiter bei 3M 15 Prozent ihrer Zeit »Fantasie«-

Projekten – also eigenen kreativen Ideen – widmen. Sie werden ermutigt, innerhalb des Unternehmens als »Piraten« zu agieren, indem sie, wo immer es geht, Ressourcen »stehlen«, um ihre eigenen Innovationsprojekte voranzubringen (aufgrund solcher Prozesse entwickelte 3M die klassischen Post-it-Haft-Notizzettel).

Wenn die Mitarbeiter eine Innovation entwickeln, die ein Erfolg zu werden verspricht, werden sie mit diesem Projekt betraut und erhalten als Belohnung eine Erfolgsbeteiligung aus dem Projektgewinn. Für Misserfolge und Fehler werden sie nicht bestraft. Belegschaftsaktien, Gewinnbeteiligung, Prämienlohnsysteme und Teamprämien können Innovationen erleichtern, jedoch ist in der Praxis ihre faire Anwendung erfahrungsgemäß schwierig. Denn individuelle Prämien können effektive Innovationen oft auch verhindern, solange man sie nicht eindeutig – und mit Recht – an nachweisbare Beiträge zu Innovationen bindet.

Wenn andererseits zwischen den Sachleistungen für Arbeiter und Manager sehr große Diskrepanzen bestehen, mindert dies mit großer Wahrscheinlichkeit die Motivation der Arbeiter und damit auch deren Innovationsbereitschaft. Zu solchen Sachleistungen zählen subventioniertes Kantinenessen, Renten, von der Firma bezahlte Versicherungen, flexible Arbeitszeiten, Kinderbetreuung und Firmenfahrzeuge.

Lernende Unternehmen

Ein derzeit populärer Begriff ist das »lernende Unternehmen«. Damit meint man Unternehmen, für die Wachstum, Entwicklung, Lernen und Kreativität als Mittel zum Erlangen strategischer Vorteile von Bedeutung sind. Lernende Unternehmen fördern bei allen Mitarbeitern die Entwicklung ihrer Fähigkeiten und das Sammeln von Erfahrungen. Sie sind daher meist innovativer als andere Unternehmen.

Lernende Unternehmen fördern systematisch die Fortbildung ihrer Mitarbeiter, und sie verwenden festgelegte Verfahren für Gespräche zwischen Mitarbeitern und Vorgesetzten über langfristige Karriereentwicklungen. Lernende Unternehmen veranlassen, dass Besuche bei Zulieferern oder Kunden von Mitarbeitern gemacht werden, in deren normalen Verantwortungsbereich solche Kontakte für gewöhnlich nicht fallen würden. Häufig werden Mitarbeiter aus einer Abteilung vorübergehend in andere

Abteilungen versetzt, sodass sie mehr über die Prozesse und Arbeitsweisen in diesem Bereich lernen können. Viele Mitarbeiter haben eine offizielle Funktion oder eine spezielle Verantwortung für die Anleitung und das Training anderer Mitarbeiter in wichtigen Fertigkeiten.

Häufig findet auch die Weiterbildung in nicht zur Arbeit gehörigen Bereichen Unterstützung – wie zum Beispiel beim Erlernen von Fremdsprachen und sogar bei Hobbies. Im Allgemeinen wird Weiterbildung ermöglicht, die zwar auf das Unternehmen bezogen ist, aber nicht unbedingt zu dem jeweiligen Bereich des Mitarbeiters gehört, wie beispielsweise das Kennenlernen von Abläufen in anderen Unternehmensbereichen oder Fortbildungen im EDV-Bereich. In lernenden Unternehmen gibt es oft ein festgelegtes Mentorensystem – ein System, bei dem ein Mitarbeiter einen bestimmten Kollegen hat, mit dem er sich regelmäßig berät.

Fort- und Weiterbildung

> »Wer nicht mehr strebt, wer nicht mehr lernt, der lasse sich begraben!«
>
> Ernst von Feuchtersleben

Innovative Unternehmen haben fast immer ausgereifte, differenzierte und umfassende Fortbildungsstrategien. Es gibt in der Regel für alle Mitarbeiter jährliche Mindestanforderungen für die Weiterbildung. Die Führungskräfte sind in der Regel in der Lage, einen Überblick über die wesentlichen Fortbildungseinheiten für Arbeiter, Facharbeiter, Büroangestellte und Managementangehörige zu geben.

Die durchschnittliche Anzahl an Fortbildungsstunden pro Jahr für einen typischen Mitarbeiter ist meist hoch: zwischen 80 und 120 Stunden. Häufig werden vom Unternehmen für viele Mitarbeiter externe Fortbildungen finanziert. Der Fortbildungsmethode in innovativen Unternehmen liegt eine systematische Strategie zugrunde, um den Fortbildungsbedarf der Mitarbeiter zu analysieren – einschließlich der Projekt-, Geschäfts- oder Servicepläne, Prüfungen, Leistungsbeurteilungen und der Mitarbeiterwünsche nach Fortbildung. Das Fortbildungssystem in solchen Unternehmen ist in der Regel genau geplant und durchorganisiert und nicht einfach eine Reaktion auf steigenden Bedarf.

Arbeitgeber-Arbeitnehmer-Beziehungen

Die Beziehungen zwischen Arbeitgebern und Arbeitnehmern in Unternehmen kann man aus drei verschiedenen Perspektiven sehen – dem systemischen, dem politischen und dem radikalen Ansatz:

- *Der systemische Ansatz* geht davon aus, dass Unternehmen im Idealfall gleichzeitig und ausgewogen die Bedürfnisse aller Beteiligten – Eigentümer, Kunden, Manager und Mitarbeiter – befriedigen.
- *Der politische Ansatz* geht davon aus, dass Konflikte unvermeidlich sind, speziell solche zwischen den Führungskräften und den Mitarbeitern, da die Führungskräfte als Vertreter der Eigentümer daran interessiert sind, die Kosten (zum Beispiel die Löhne) niedrig zu halten. Einige Anhänger dieser Sichtweise meinen, dass dieser Konflikt eine Quelle potenzieller Innovationen in Unternehmen ist, vor allem dann, wenn die Positionen verschiedener Gruppen geprüft, diskutiert und aufeinander abgestimmt werden.
- *Der radikale Ansatz* geht davon aus, dass die Mitarbeiter zwangsläufig gegen die Ziele des Managements eingestellt sind, dessen Ziel es sei, die Freiheit der Mitarbeiter einzuschränken und ihre Arbeitskraft auszubeuten.

Welche Betrachtungsweise man auch wählt, so weist doch vieles darauf hin, dass Konflikte, wenn sie richtig ausgetragen werden, eine Quelle von Innovationen in Unternehmen sein können. In einigen Forschungsarbeiten wird ein eindeutiger Zusammenhang zwischen Innovation und gewerkschaftlicher Präsenz im Unternehmen berichtet. Die Beteiligung von Betriebsratsmitgliedern in der Unternehmensleitung führt jedoch nachweislich nicht zu höherer Effizienz und Innovationsbereitschaft des Betriebes. Es gibt jedoch klare Hinweise darauf, dass die Einführung von teamorientierten Arbeitsmethoden dies sehr wohl vermag, was für den politischen Ansatz bei der Betrachtung der innerbetrieblichen Beziehungen spricht.

Chancengleichheit und Vielfalt

Je unterschiedlicher die Belegschaft zusammengesetzt ist, desto wahrscheinlicher ist es, dass ein Unternehmen innovativ ist, ganz einfach wegen der Vielfalt an alternativen Perspektiven, die zum Tragen kommen. Die weit verbreitete Praxis der Diskriminierung von Frauen in Unternehmen ist daher ein wesentliches Hindernis für Innovationen.

Einige Forschungsergebnisse verweisen darauf, dass die Beteiligung von Frauen im Management und vor allem in Arbeitsteams mit einem höheren Niveau an Innovationen verbunden ist. Indem sie Frauen systematisch und in ausgeprägter Weise diskriminieren, verzichten Unternehmen auf Chancen zur Innovation, die ihnen aus der Beteiligung von Frauen am Management und in Fachbereichen erwachsen könnten. Hinzu kommt, dass in Arbeitsteams und Unternehmen der Innovationsgrad gesteigert wird, wenn es eine Vielfalt an fachlich qualifizierten Mitarbeiterinnen und Mitarbeitern gibt.

Je vielgestaltiger die Beiträge zur Firmenkultur sind, desto innovativer ist in der Regel das Unternehmen. Daraus folgt, dass Chancengleichheit in Unternehmen nicht einfach nur eine Frage moralischen Handelns ist, sondern auch aus wirtschaftlicher Perspektive Sinn macht.

Forschung und Entwicklung

Als Maßstab für Innovationen in Unternehmen verwenden Wirtschaftsfachleute gerne Zahlen, wie zum Beispiel die Ausgaben für Forschung und Entwicklung sowie die Anzahl der Patente. Forschungs- und Entwicklungsaktivitäten sind eindeutig mit Innovation verbunden. Das Engagement von Firmen in diesem Bereich ist sehr wichtig. In unserer Studie über Fertigungsunternehmen stellten wir jedoch fest, dass es oft keine Forschungs- und Entwicklungsabteilungen gibt und die zugeteilten Budgets sehr niedrig sind.

Vor neuen Ideen nicht zurückschrecken

Eine Firma in der Mineralstoffbranche, die ich besuchte, wandte zwölf Prozent ihres Umsatzes für Forschung und Entwicklung auf. Obwohl sehr klein, ist sie eines der innovativsten und erfolgreichsten Unternehmen in der Branche.

Viele Unternehmen schrecken davor zurück, in unbekannte Produkte zu investieren. Sie müssen erst noch lernen, dass Wirtschaftsfachleute den Wert von Forschung und Entwicklung bei der Förderung von Innovationen eindeutig nachgewiesen haben. Tatsächlich haben sich Firmen wie 3M das Ziel gesetzt, 60 Prozent ihres Umsatzes mit neuen Produkten zu erzielen, die innerhalb der letzten drei Jahre entwickelt worden sind.

Zusammenfassung

»Tue das, wovor du Angst hast. Wenn du wegläufst, weil du Angst davor hast, etwas Großes zu tun, verpasst du die Gelegenheit.«
Nach W. Clement Stone

In diesem Schnelldurchgang durch die Vielzahl der Unternehmensfunktionen konnten nur einige Gebiete gestreift werden, während weite Bereiche unberührt geblieben sind. Jeder Punkt, der hier kurz dargestellt wurde, wäre ein eigenes Buch wert.

Der heutige Stand der Wissenschaft besagt, dass innovative Unternehmen integrierte Strukturen, Kulturen und Verfahren haben, damit Ideen und das Engagement der Belegschaft gefördert und belohnt werden. Diese Kulturen sind offen, flexibel und konstruktiv – die Betonung liegt auf dem, was möglich ist, nicht auf dem, was unmöglich ist. Das Klima ist von Liberalität, Autonomie, konstruktivem Verhalten, Offenheit und kalkulierter Risikobereitschaft geprägt. Kommunikation sowie Kooperation über Abteilungsgrenzen hinweg werden für wertvoll erachtet und gefördert. Möglichkeiten zu innovieren werden bewusst gesucht und durch Bereitstellung von Ressourcen, Mitteln und Zeit realisiert.

»Es ist der größte Fehler, nichts zu tun, nur weil man wenig tun kann. Tue das, was du kannst.«
Nach Sydney Smith

Die Aufgaben sind so gestaltet, dass Mitarbeiter sich entfalten können. Qualität wird in allen Bereichen des Unternehmens anerkannt und belohnt. Die Mitarbeiter werden zur Festlegung von Zielen angehalten und erhalten klare Rückmeldungen über ihre Leistungen. Das Wohl der Mitarbeiter ist ein zentrales Anliegen des Unternehmens. Es wird Wert gelegt auf Vielfalt in Bezug auf Geschlecht, beruflichen Hintergrund, Nationalität, Fortbildung, Charakter und Dauer der Betriebszugehörigkeit.

Konflikte werden als wichtiger Teil des betrieblichen Lebens gesehen. Im Unterschied zu den unangenehmen zwischenmenschlichen Konflikten und Machtkämpfen in »kranken« Unternehmen werden Konflikte in konstruktiver Weise angegangen und gelöst. Teamarbeit wird als Arbeitsmethode bevorzugt.

Diese innovativen Unternehmen existieren, obwohl sie seltene Spezies in der Unternehmenslandschaft sind. Was in vielen Unternehmen fehlt, ist der Mut in den Führungsetagen, innovative Managementmethoden aufzugreifen und sie im eigenen Unternehmen einzuführen.

Kapitel 6

Steuerung der Innovationsprozesse im Unternehmen

»Letztlich wird ein Mensch nicht daran gemessen, wo er steht, wenn die Zeiten angenehm sind, sondern wo er in Zeiten der Herausforderung und Auseinandersetzung steht.«
Nach Martin Luther King

Der Innovationsprozess

»Man muss sich nämlich darüber im Klaren sein, dass es kein schwierigeres Wagnis, keinen zweifelhafteren Erfolg und keinen gefährlicheren Versuch gibt, als sich zum Leiter eines Staates aufzuwerfen und eine neue Ordnung einzuführen; denn jeder Neuerer hat alle die zu Feinden, die von der alten Ordnung Vorteile hatten, und er hat an denen nur laue Verteidiger, die sich von der neuen Ordnung Vorteile erhoffen. Diese Lauheit kommt zum Teil von der Furcht vor Gegnern, die die Gesetze zu ihren Gunsten nützen können [wörtlich: die die Gesetze auf ihrer Seite haben], teils von dem Misstrauen der Menschen, die wirkliches Zutrauen zu den neuen Verhältnissen erst haben, wenn sie von deren Dauerhaftigkeit durch Erfahrung überzeugt worden sind.« (Niccolò Machiavelli, Der Fürst)

In diesem Kapitel untersuchen wir, wie man Innovationen in Unternehmen konkret umsetzt. Dies ist ein Prozess, der – wie Machiavelli sagt – häufig Konflikte und infolgedessen Unpopularität mit sich bringt. Dieser Prozess muss genau geplant werden.

Gestützt auf seine Analyse von über 3000 Untersuchungen betrieblicher Innovationen zeigte Everitt Rogers 1983 auf, dass Innovationsprozesse aus zwei wichtigen Phasen bestehen: die *Einleitungsphase* und die *Umsetzung*. Diese wiederum haben zwei bzw. drei Unterphasen. Ein effektives Verwirklichen von Neuerungen gelingt in der Regel dann am besten, wenn der Ablauf jeder dieser Phasen umsichtig und realistisch geplant wird.

Die Einleitungsphase: Entstehung der Innovation

Unterphase 1: Problemidentifikation

In dieser Phase werden betriebliche Probleme erkannt. Beispielsweise wird festgestellt, dass die tatsächliche und die angestrebte Leistung eines Unternehmens nicht übereinstimmen. Bereits dieses Identifizieren eines Problems kann Innovationen anregen.

Diese Problemidentifikation kann auf zwei Wegen erfolgen. Erstens: Ein Leistungsdefizit wird erkannt, zum Beispiel die unbefriedigende Bearbeitung von Reklamationen. Als Konsequenz daraus kann die Einführung einer Innovation folgen, so etwa eine verbesserte Schulung der mit der Reklamationsbearbeitung betrauten Mitarbeiter.

Die Problemidentifikation kann aber auch dadurch geschehen, dass Mitarbeiter eines Betriebes bei einem anderen Unternehmen ein Verfahren sehen, das sie in die Lage versetzen würde, ein Problem in ihrer eigenen Firma in den Griff zu bekommen. Beispielsweise beschwert sich eine Managerin einer Autozubehör-Firma als Kundin über den schlechten Service in einer Elektrowarenabteilung. Ihre Beschwerde wird sehr entgegenkommend behandelt. Sie erhält nicht nur ein neues Gerät, sondern sie erhält auch noch ein Entschuldigungsschreiben vom Manager der Elektrowarenfirma. Diese Erfahrung veranlasst sie, ein ähnliches Vorgehen in ihrer Firma einzuführen.

Der Innovationsprozess

1. Einleitungsprozess
   - Problemidentifikation
   - Abstimmung
2. Umsetzungsphase
   - Neubestimmung bzw. Umstrukturierung
   - Klärung
   - Aneignung

Unterphase 2: Abstimmung

In dieser Phase wird die Wahrscheinlichkeit beurteilt, ob die vorgesehene Innovation dem besonderen Problem Rechnung trägt, mit dem das Unternehmen konfrontiert ist. Aufgrund dieser Einschätzung wird der Innovationsprozess entweder fortgesetzt oder beendet. In dieser Zwischenphase geht es darum, die Idee auf konstruktive Weise zu bewerten und zu kritisieren, um zu bestimmen, inwieweit sie wirklich den betrieblichen Bedürfnissen entspricht.

Die Umsetzungsphase

Unterphase 1: Neubestimmung bzw. Umstrukturierung

Die geplante Innovation wird überarbeitet, um sie auf die speziellen Bedürfnisse des Unternehmens zuzuschneiden. Die Firma für Autozubehör hat vielleicht nicht sehr viele Kunden, förmliche Entschuldigungsschreiben wären vielleicht unangebracht. Möglicherweise erweisen sich Telefonanrufe oder persönliche Besuche durch den Geschäftsführer als zugkräftigere und effektivere Strategie, um mit Reklamationen umzugehen. Andererseits werden unter Umständen strukturelle Veränderungen innerhalb des Unternehmens vorgenommen, um sich an diese Innovation anzupassen. Wenn es in einem Unternehmen keine Anlaufstelle für

Reklamationen gibt, könnte man eine Niederlassung dafür nutzen, um solch einen Service anzubieten und die entsprechenden Arbeitsplätze einrichten.

Unterphase 2: Klärung

Die Innovation wird umgesetzt und ausführlich mit den Mitarbeitern besprochen, um ihre Bedeutung allen Betroffenen klar zu machen. Gibt es Missverständnisse über den Zweck oder den Gegenstand der Innovation, erhalten die Mitarbeiter noch weitergehende Informationen. Bringt die Innovation unvorhergesehene Probleme mit sich, werden die nötigen Korrekturen vorgenommen.

Unterphase 3: Aneignung

In dieser Unterphase wird die Innovation Teil des normalen betrieblichen Ablaufs und hat einen Punkt erreicht, an dem sie nicht mehr länger als Neuerung angesehen wird. Sie hat sich eingebürgert und ist anerkannter Teil der betrieblichen Arbeitsabläufe geworden.

Rogers vertritt die Ansicht, dass die späteren Phasen des Prozesses in der Regel nicht erfolgreich abgeschlossen werden können, wenn die früheren Phasen nicht durchlaufen wurden. So kann es durchaus sein, dass man an einem Punkt des Prozesses noch einmal auf einen anderen zurückkommen muss: zum Beispiel kommt man von der Neubestimmung oder Umstrukturierung auf die Abstimmung zurück. Im Allgemeinen verläuft der Prozess aber linear.

Eine einfachere Darstellung des Innovationsprozesses findet sich bei Richard Daft (1992). Er stellt fest, dass zum Innovationsprozess fünf Phasen oder Elemente gehören.

1. **Bedarf**
   Ein Leistungsdefizit wird erkannt, und Innovationsmöglichkeiten werden durchdacht.
2. **Idee**
   Eine Idee für eine neue und verbesserte Arbeitsweise wird entwickelt. Die Idee wird dann auf den Bedarf abgestimmt.

3. **Annahme**
   Die Annahme erfolgt, wenn die Entscheidungsträger sich für die Verwirklichung der vorgeschlagenen Idee aussprechen.

4. **Umsetzung**
   Die Umsetzung findet dadurch statt, dass Mitarbeiter des Unternehmens beginnen, eine neue Idee, eine neue Technik oder ein neues Verfahren in der Praxis anzuwenden.

5. **Ressourcen**
   Das letzte Element ist die menschliche Energie und Aktivität, die erforderlich ist, um die Veränderung herbeizuführen. Daft vertritt die Ansicht, dass Veränderung Zeit und Ressourcen voraussetzt, um Ideen zu entwickeln und zu realisieren, und dass Ressourcen daher im Innovationsprozess von vitaler Bedeutung sind.

Daft meint, dass jedes der fünf Elemente im Unternehmen gegeben sein muss, damit eine Veränderung erfolgreich umgesetzt werden kann. Fehlt auch nur eines dieser Elemente, wird die Neuerung nicht effektiv umgesetzt werden.

Innovation und Konflikt

Wie wir bereits in Machiavellis Feststellung zu Beginn dieses Kapitels gelesen haben, ist der Innovationsprozess unausweichlich mit psychologischen oder interpersonellen Konflikten verbunden. Wenn in einem Unternehmen eine neue Arbeitsweise eingeführt wird und dies keine Konflikte zur Folge hat – wenn es beispielsweise keine Meinungsverschiedenheiten über den Gegenstand oder den Ablauf der Innovation gibt, oder wenn sich vonseiten der Mitarbeiter kein Widerstand gegen die Innovation regt – ist diese Innovation nichts wirklich Neues oder stellt keinen wichtigen Fortschritt für das Unternehmen dar. Innovation bedroht stets den Status quo und erzeugt dadurch Konflikte.

Merkmale von Innovationen

Innovationen können nach ihrer Tragweite beurteilt werden – gemeint ist damit das Ausmaß der Innovationen und ihre wahrscheinlichen Auswirkungen. Je tiefgreifender eine Innovation ist, desto eher wird sie zu Veränderungen und Konflikten führen und die Stellung der Mitarbeiter im Unternehmen bedrohen.

- *Neuheit* besagt, in welchem Maße diese Innovation neu für das Unternehmen ist. Ein Beispiel: In einem Unternehmen, das auf Einzelarbeit ausgerichtet war und das die Arbeit bisher immer durch leistungsabhängige Beförderung und Entlohnung individuell geregelt hatte, wird es für die Mitarbeiter etwas absolut Neues sein, wenn die Arbeit zukünftig vor allem auf Teamarbeit basiert. Eine solche Umstellung wird zu erheblichen Konflikten führen.
- *Radikalität* ist das Ausmaß, in dem eine Innovation eine Veränderung für den Status quo darstellt. Wo eine Innovation wesentliche Neuerungen mit sich bringt, beispielsweise die Befugnisse von Arbeitsgruppen, Abteilungen oder Führungsebenen betreffend, wird sie Konflikte verursachen. Wenn zum Beispiel die finanzielle Ver-

antwortung von der Finanzabteilung auf die Teams übertragen wurde, sodass diese jeweils für ihr eigenes Budget selbst verantwortlich sind, wird diese Veränderung Widerstand hervorrufen, da der Einflussbereich der Finanzabteilung verkleinert wird.

- *Effektivität* bezieht sich auf den Erfolg von Innovationen innerhalb eines Unternehmens. Letztlich werden Innovationen daran gemessen, ob und wie viel sie zur Effektivität des Gesamtunternehmens beitragen. Wird davon ausgegangen, dass die möglichen Auswirkungen der Innovation eher von Nachteil als von Nutzen sind, dann werden zwangsläufig größere Konflikte auftreten. Erhebliche Konflikte und beträchtlichen Widerstand gegen Neuerungen wird es vor allem dann geben, wenn eine Innovation als Risiko betrachtet wird.

Natürlich werden Innovationen erst dann als solche eingestuft, nachdem sie erfolgreich realisiert wurden. Folglich sind unsere Beurteilungen von Innovationen häufig von positiven Erwartungen geprägt. Die Realität sieht jedoch so aus, dass Innovationen in Unternehmen auch misslingen – manches Mal mit verhängnisvollen Konsequenzen. Allerdings muss man ein gewisses Maß an Risiken eingehen, wenn Innovationen entwickelt werden sollen. Fehlschläge müssen toleriert werden. Kleine Kinder lernen auch nur dadurch laufen, indem sie immer wieder hinfallen!

> »Immer erscheinen die entscheidenden Ideen nachträglich als einfache und selbstverständliche.«
> Stefan Zweig

Widerstand gegen Veränderungen

Um Innovationsprozesse lenken zu können, muss man die Gründe verstehen, warum sich Leute gegen Veränderungen in Unternehmen sträuben, und man muss erkennen, dass dieser Widerstand nicht zwangsläufig gut oder schlecht ist. In manchen Fällen ist es eine ganz normale und natürliche Reaktion auf Veränderungen. In anderen Fällen ist es eine durchaus vernünftige Reaktion auf einen unangebrachten Versuch, den Status quo zu ändern. Nicht jede Innovation und jede Veränderung geschieht zum Besten. Nicht immer sind diese wohl durchdacht. Widerstand kann so ein wichtiges Mittel sein, um zu gewährleisten, dass eine Neuerung mit Umsicht eingeführt wird.

Im Folgenden beschäftigen wir uns mit einigen der Gründe, weshalb sich Menschen gegen Veränderungen wehren.

Bequemlichkeit

Manchmal wird eine Veränderung als unbequem angesehen. Die Leute sträuben sich dagegen, weil Dinge verändert werden, ohne dass ersichtlich wird, ob diese Veränderung Vor- oder Nachteile für das Unternehmen bringt. Vielleicht haben die Mitarbeiter auch den Eindruck, dass die Neuerung ihr eigenes Arbeitsleben aus dem Gleichgewicht bringen wird.

Persönliche Interessen

> »Wenn Idee gegen Idee steht, so sind stets Menschen dazwischen.«
> Hans-Horst Skupy

Menschen wehren sich gegen Veränderung, wenn sie denken, dass ihre Sicherheit am Arbeitsplatz, ihr Einfluss, ihr Status, das Lohnniveau oder die Variationsbreite ihrer Tätigkeit gefährdet ist. Und es ist verständlich und gerechtfertigt, wenn sich Menschen gegen Bedrohungen ihrer Arbeitszufriedenheit, ihrer Arbeitsplatzmerkmale und ihrer Arbeitssicherheit widersetzen. Führt man eine Innovation ein, ist es unbedingt notwendig, genau zu überdenken, in welcher Weise sich die vorgeschlagene Veränderung auf die Menschen in der Firma auswirken wird und wie diese wahrscheinlich darauf reagieren werden.

Missverständnisse

Eine häufige Ursache des Widerstands gegen Veränderungen sind Missverständnisse über die Art der Neuerung und ihre Folgen. Dies kommt meistens dann vor, wenn über die Innovation, die eingeführt werden soll, nur unzureichend gesprochen und informiert wird. Es folgen Misstrauen und Missverständnisse. Die Mitarbeiter wehren sich gegen die Innovation oder sabotieren diese sogar. Zur effektiven Durchführung einer Innovation gehört es, alle ausführlich zu informieren, die von dieser Innovation betroffen sind oder meinen, sie könnten davon betroffen sein.

Wenig Toleranz für Veränderungen

Oft wehren sich Menschen einfach deshalb gegen Veränderung, weil sie innerhalb eines bestimmten Zeitraums zu viele Veränderungen hinnehmen mussten. Wenn sie in den letzten Jahren immer wieder große und tiefgreifende Veränderungen mitgemacht haben, entwickelt sich nun ein starkes Bedürfnis nach Stabilität. Folglich werden sie sich häufig gegen weitere Veränderungen wehren – ungeachtet dessen, welche Vorteile sie mit sich bringen könnte.

Der Veränderungsprozess

Widerstand gegen Veränderung ist häufig eine Folge falscher Steuerung der Beratungs-, Schulungs- und Mitbestimmungsprozesse. Werden die Mitarbeiter in den Innovationsprozess mit einbezogen, ist die Wahrscheinlichkeit von Widerstand wesentlich geringer. Wird es für nötig befunden, eine Neuerung einzuführen, ohne sich mit den Mitarbeitern zu beraten und sie einzubeziehen (vielleicht, weil die Zeit drängt), sollten die für den Innovationsprozess Verantwortlichen ihre Strategie und die Gründe für ihr Vorgehen jenen klar und deutlich darlegen, die von der Veränderung betroffen sind.

Auf lange Sicht wird ein solches Vorgehen weniger Widerstand hervorrufen als Gespräche, die nur geführt werden, um den Schein zu wahren. Wenn Mitarbeiter nur scheinbar Einfluss auf Entscheidungen über Veränderungen nehmen können, und sie wiederholt feststellen, dass ihre Beiträge kaum ins Gewicht fallen, wird der Informationsprozess abgewertet und schließlich ignoriert.

»Abwehrmechanismen«: Unternehmensinterner Widerstand gegen Veränderungen

Organisationen sind keine selbstständigen Wesen, sie bestehen aus Individuen. Aber wegen ihrer Größe und Komplexität hat es oft den Anschein, als seien sie Organismen und hätten eine eigene Persönlichkeit und ein eigenes Leben. Wissenschaftler betrachten daher Organisationen als Organismen, die versuchen zu überleben und die Mechanismen entwickeln, um in einer sich verändernden Umwelt weiter zu bestehen. Ebenso wie lebendige Organismen bauen sie ein Immunsystem auf, um Angriffe abzuwehren, die ihr Überleben oder ihre Form bedrohen.

Diese »Immunsysteme« finden sich in den Normen und ungeschriebenen Gesetzen eines Unternehmens wieder und sind manchmal sehr schwer auszumachen. Schaden sie auf Dauer der Effizienz des Unternehmens, so werden diese betrieblichen »Immunsysteme« als Abwehrmechanismen bezeichnet. Diese Abläufe werden automatisch und oft ohne bewusste Absicht in Gang gesetzt.

Häufig sollen Abwehrmechanismen Reibungsverluste in Unternehmen reduzieren, auf diese Weise können sie aber das Lernen hemmen. Weil sie den Status quo aufrechterhalten sollen, halten sie das Unternehmen oft davon ab, sich mit den wirklichen Problemen auseinanderzusetzen. Sie sind meist einer der wichtigsten Gründe, warum die Realisierung von Innovationen scheitert. Denn alles, was den Status quo gefährdet, wird wie ein Virus behandelt und dementsprechend bekämpft. Abwehrmechanismen sind so eng mit den Normen des Unternehmens verflochten, dass man nicht über sie sprechen kann – und über diese Tatsache wiederum kann man auch nicht sprechen! Abwehrmechanismen geben dem Unvernünftigen den Anstrich des Vernünftigen und verbergen sich häufig hinter Fürsorge oder Diplomatie.

Ein Beispiel für einen solchen Abwehrmechanismus: Laufend machen Mitarbeiter in einem Unternehmen Marktbedingungen, politische Veränderungen und wirtschaftliche Umstände für die Probleme verantwortlich, die das Unternehmen hat. Ungeachtet dessen, was in der Firma vor sich geht, werden Probleme immer als von außen verursacht dargestellt. Folglich wird eine Art von Blockbildung zwischen Leuten im Unternehmen aufrechterhalten, die darin gemeinsame Sache machen, dass sie ihre eigenen Leistungsdefizite nicht ansprechen.

Ein weiteres Beispiel ist das Leugnen eines Problems von Anfang an. Das Unternehmen kann Beweise für einen Rückgang von Verkäufen und Bestellungen haben, aber die Geschäftsleitung tut dies immer wieder nur als »Kleinigkeit« ab, obwohl diese »Kleinigkeit« für jeden Beobachter von außen eindeutig eine Katastrophe darstellt.

Ein weiteres Beispiel für dieses »So tun, als sei alles in Ordnung« ist die prompte Abwehr jedes Vorschlags für neue und verbesserte Arbeitsweisen mit der Begründung, dass das woanders versucht wurde und fehlgeschlagen sei, oder dass es zu viel koste, oder dass der Initiator überhaupt nicht verstehe, wie kompliziert die Situation sei.

In manchen Unternehmen haben sich große Gruppen von Mitarbeitern gehalten, indem sie so taten, als sei alles in Ordnung. Innovationen stellen stets eine Bedrohung ihres behaglichen Systems dar, das sie sich geschaffen haben, und wird gewohnheitsmäßig abgewehrt. Daher lehnen viele Mitarbeiter in solchen Unternehmen neue Ideen immer wieder ab, aber jeder Zweifel an dieser Reaktion ist tabu. Tatsächlich werden in diesen Unternehmen Innovationen verbal oft unterstützt, aber in der Praxis wird jeder Versuch, eine Neuerung einzuführen, unerbittlich vereitelt. Vorschläge für neue Ideen werden zwar toleriert, und der Innovator beschwichtigt, indem mit halbherzigen Worten Unterstützung signalisiert wird, aber die praktische Unterstützung in Form von Ressourcen, Zeit und echtem Engagement bleibt aus.

Ein Abwehrmechanismus, auf den meine Kollegen und ich häufig in Unternehmen der Fertigungsindustrie stoßen, wird ausgelöst durch Fragen nach Personalmanagement und Fortbildungsstrategien. Man beteuert, dass die Firma zu sehr unter Druck gestanden habe, um diesen Bereichen Beachtung zu schenken. Überlegungen zu langfristigen Strategien des Personalmanagements hätte man zurückstellen müssen, um das bloße Überleben der Firma zu gewährleisten. Die Tatsache, dass so viele Unternehmen diese Haltung einnehmen, lässt darauf schließen, dass viele Manager nicht bereit sind, Personalmanagement ernst zu nehmen – entweder weil sie den Reden der Psychologen und Arbeitswissenschaftler skeptisch gegenüberstehen, oder weil ihnen das fachliche Können und das Selbstvertrauen für effektives Personalmanagement fehlen. Es ist jedoch eindeutig bewiesen, dass Unternehmen, die Mittel einsetzen, um die Personalorganisation zu verbessern, bessere finanzielle Ergebnisse erzielen.

Abwehrmechanismen begegnen

In der nun folgenden Liste führe ich daher einige Strategien auf, wie man derartigen Abwehrmechanismen begegnen kann.

- Bereiten Sie Ihre Argumente gut vor. Es müssen überzeugende und für jeden nachprüfbare Gründe genannt werden.
- Versprechen Sie nicht mehr, als Sie halten können. An unrealistischen Versprechungen kann sich die Ablehnung einer an sich guten Idee festmachen.
- Seien Sie bereit, Fehler zuzugeben und aus ihnen zu lernen (für sich persönlich und für das Unternehmen).
- Versuchen Sie immer zu sehen, was sich unter der Oberfläche verbirgt. Fragen Sie die, die sich gegen die Veränderung wehren, immer wieder »warum?«.
- Sprechen Sie Themen offen an, die tabu zu sein scheinen, auch wenn dies Feindseligkeit hervorrufen kann.
- Lernen Sie erkennen, wann Sie in Abwehrmechanismen verstrickt werden oder sich ihrer selbst bedienen.
- Versuchen Sie, von den Fragen nach Effizienz (die Dinge richtig tun) zu den wichtigeren Fragen nach der Effektivität (die richtigen Dinge tun) durchzudringen. Leider werden Sie wahrscheinlich gerade dann auf den größten Widerstand stoßen, wenn Sie anfangen, solche Fragen zu stellen. Ein Widerstand kann darauf hinweisen, dass Sie kurz davor stehen, einen Abwehrmechanismus aufzudecken. Das Aufzeigen des Abwehrmechanismus kann für das Unternehmen auf lange Sicht von Nutzen sein, auch wenn vielleicht die Person, die ihn aufdeckt, als Problem angesehen wird – und nicht als jemand, der Lösungen für Probleme sucht.

Machiavellis Bemerkung über die Einsamkeit des Innovators ist bemerkenswert richtig.

Strategien zur Einführung von Innovationen

Der Einfluss von Minderheiten

In der Sozialpsychologie haben sich in den letzten 20 Jahren Forschung und Lehre zunehmend mit der Frage beschäftigt, auf welche Weise Minderheiten Einfluss auf Mehrheiten ausüben. Wie erreichten Gruppen wie die Grünen und die Feministinnen eine Änderung der Einstellung der Mehrheit, obwohl sie anfänglich doch Minderheiten waren, die mit der breiten Mehrheit und den Mächtigen im Kampf lagen? Einige Wissenschaftler haben nachgewiesen, dass konsequente Argumentation von Minderheiten mit der Zeit zu Meinungsänderungen der Mehrheit führen kann.

Minderheiten können Meinungsänderungen initiieren

Charlan Nemeth von der University of California in Berkeley hat gezeigt, dass Mehrheiten einen Meinungsumschwung durch öffentliche Zustimmung erreichen, das heißt, der Einzelne richtet sich zunächst in der Öffentlichkeit nach der Meinung der Mehrheit, ehe er diese Meinung verinnerlicht. Der Einfluss von Minderheiten wirkt dagegen auf entgegengesetzte Weise (Nemeth/Staw 1989). Menschen, die mit einer selbstbewussten und konsequenten Minderheit konfrontiert sind, ändern zuerst ihre persönlichen Überzeugungen, ehe sie ihre Zustimmung öffentlich ausdrücken. Dieser Prozess ist von den Forschern, die sich mit dem Einfluss von Minderheiten beschäftigt haben, als »Meinungsänderung oder -wechsel« bezeichnet worden. Eine hartnäckige, lautstarke Minderheit, die trotz Widerstand geschlossen für Veränderung eintritt, kann eine Änderung in der Einstellung und im Verhalten der Mehrheit bewirken. Dieses Ergebnis hat wichtige Folgerungen für unser Nachdenken über Unternehmen und Innovationen.

In einer früheren sozialpsychologischen Studie wurden Testpersonen blaue und grüne Dias gezeigt, und sie wurden gebeten, diese entsprechend einzuordnen. Unter den Mitgliedern einer Versuchsgruppe war eine Minderheit, die konsequent einige der blauen Dias als grün einordneten. Es überrascht nicht, dass dieses Vorgehen keine Auswirkungen auf die Mehrheit hatte, die die blauen Dias richtig einordnete. Als anschließend jedoch die Probanden gebeten wurden, für sich allein nicht eindeutig klassifizierbare »blaugrüne« Dias entweder als blau oder grün einzuordnen, zeigte sich bei über der Hälfte der Einfluss der Minderheit. Eine Gruppe, die nicht dem Einfluss der Minderheit ausgesetzt war, wies dagegen andere Ergebnisse auf.

Ähnliche Möglichkeiten der Beeinflussung zeigten Studien, die sich mit der Entscheidungsfindung einer Jury befasst haben.

Wissenschaftliche Untersuchungen zu dem Einfluss von Minderheiten legen nahe, dass eine Meinungsänderungam ehesten dann geschieht, wenn die Minderheit ihre Argumente konsequent und selbstbewusst vorbringt. Außerdem hat ein hartnäckiger Verhaltensstil die größte Chance, zu einer Änderung der Einstellungen und zu Innovationen zu führen. Wissenschaftlern zufolge ist der Preis für Strategien, die in dieser Weise mit Minderheiteneinfluss arbeiten, Unpopularität und Konflikte. Wie bereits oben festgestellt wurde, führen Innovationen zwangsläufig zum Konflikt, da sie den Status quo in Frage stellt. Auch hier werden Machiavellis Ansichten durch die Forschung bestätigt.

Auch lässt die Arbeit in diesem Forschungsbereich darauf schließen, dass der Einfluss von Minderheiten zu größerer Unabhängigkeit und zu abweichendem und kreativem Denken führt.

In einer Studie über »Originalität« sagte man den Probanden, dass in früheren Untersuchungen eine Mehrheit bzw. eine Minderheit blaue Dias als grün beurteilt hatten. Jede Testperson wurde anschließend mit einem Mitarbeiter des Experimentierteams zusammengebracht, und dieser Mitarbeiter bezeichnete durchgängig blaue Dias als grün. Danach wurde jede Versuchsperson gebeten, im Rahmen einer Wort-Assoziations-Übung siebenmal auf die Wörter »blau« oder »grün« zu reagieren. Diejenigen, die der Beurteilung der Minderheit ausgesetzt waren, hatten mehr und originellere Wort-Assoziationen parat, als die, die der Meinung der Mehrheit ausgesetzt waren.

In seiner Besprechung dieser Untersuchungen zieht Charlan Nemeth (1989) folgende Schlussfolgerung:

> *»Diese Arbeit spricht für die Bedeutung der abweichenden Meinung von Minderheiten – sogar wenn diese Meinungen falsch sind. Außerdem gehen wir davon aus, dass diese Bedeutung nicht davon abhängt,*

ob die Überzeugung richtig ist, oder davon, ob sie sich durchsetzen wird. Vielmehr scheint sie nicht-konformes Denken anzuregen. Fragestellungen und Probleme werden aus mehreren Perspektiven betrachtet und alles in allem finden die Leute neue Lösungen und Antworten, die sachgemäßer sind.«

Was sind die Folgerungen dieser Untersuchungen für unser Verständnis von Innovationen im Zusammenhang mit der Arbeitswelt?

- *Erstens:* Der Einfluss von Minderheiten lässt uns gruppeninterne Prozesse besser verstehen, die zu Kreativität und Innovation führen.
- *Zweitens:* Diese Theorie zeigt uns, welche Vorgänge bei Innovationen in Unternehmen von ausschlaggebender Bedeutung sind, nämlich Konflikt und Meinungswechsel. Gleichzeitig wird warnend darauf hingewiesen, dass Pauschalurteile über Innovationen (jede Innovation an sich ist gut und darum auch gut für das ganze Unternehmen) allzu simpel sind.
- *Drittens:* Es zeigt sich, welche Bedeutung abweichende Meinungen in Unternehmen für Unabhängigkeit und Kreativität haben.
- *Viertens:* Es lässt darauf schließen, dass Einzelne, die sich zu kleinen Gruppen zusammenschließen, durch Konsequenz, Beharrlichkeit und Zuversicht Veränderungen in Unternehmen erreichen können – trotz der weit verbreiteten Ansicht, dass große Unternehmen sich nicht ändern können. Wir sollten Minderheiten in Unternehmen nicht nur tolerieren, sondern unterstützen, wenn Meinungsvielfalt für Innovation und Kreativität den Boden bereiten soll.

Aus diesen Forschungsarbeiten kann man eine Strategie entwickeln zur Realisierung von Innovationen in Unternehmen. Aus dieser Perspektive kann beispielsweise die Verantwortung für die Einführung einer Innovation einem für das Projekt zuständigen Team übertragen werden. Dieses Team erarbeitet eine klare Zielvorstellung, ergreift die Initiative, informiert konsequent über die Innovation und wirbt für sie, um so zu gewährleisten, dass die Pläne zur Umsetzung mit Erfolg durchgeführt werden. Der Erfolg der Strategie wird nur durch das Engagement eines hoch motivierten Teams (im Idealfall sind die Mitglieder in leitenden Positionen) möglich. Aufgabe der Gruppe ist es, die Meinungen von anderen wichtigen Mitarbeitern zugunsten der Innovation zu beeinflussen.

Die folgenden sechs Elemente müssen gegeben sein:

Innovationen bewirken

1. Das Team, das als Minderheit Einfluss nehmen soll, muss eine klare Vorstellung von dem haben, was es erreichen will. Diese Vorstellung sollte stimmig sein, und alle Teammitglieder sollten hinter ihr stehen.
2. Das Team sollte eine kleine, aber tonangebende und effiziente Gruppe von Firmenangehörigen sein und am besten nicht mehr als acht bis zehn Mitglieder haben.
3. Die Gruppe muss eine klare Botschaft haben, das heißt, sie muss klar sagen können, welchen potenziellen Nutzen und welche Vorteile die Einführung der Neuerung in das Unternehmen hat.
4. Über lange Zeit muss die Gruppe immer wieder beharrlich ihre Botschaft deutlich machen. Sie muss in Beratung mit anderen Unternehmensangehörigen die Strategie zur Verwirklichung der Innovation entwickeln.
5. Die Gruppe muss bereit sein, flexibel zuzuhören und positiv zu reagieren, wenn andere Mitarbeiter des Unternehmens im Blick auf die Innovation Vorschläge unterbreiten. Gleichzeitig darf sie aber nicht in ihrer Absicht nachlassen, eine umfassende Veränderung herbeizuführen.
6. Die Gruppe muss von Konsultationsprozessen Gebrauch machen und, wo immer möglich, andere Mitarbeiter des Unternehmens einbeziehen, um so potenzielle Konflikte, die aufgrund der Initiative entstehen können, vorwegzunehmen und zu bewältigen.

Die folgende Übung zeigt nun Schritte auf, die mit der Entwicklung einer Strategie, die mit Minderheiteneinfluss arbeitet, verbunden sind.

Übung 18

Entwicklung einer Strategie auf der Basis von Minderheiteneinfluss

1. Gibt es einen Bereich, ein Verfahren oder eine Methode in Ihrem Unternehmen, die Sie gerne verändern würden? Beschreiben Sie in einem oder zwei Sätzen, wie Sie sich diese Veränderung vorstellen.

   ----

2. Wen könnten Sie bewegen, mit Ihnen zusammenzuarbeiten, um diese Veränderung zu erreichen? Bestimmen Sie ein kleines Team von engagierten Kollegen, das sich Ihnen anschließen und sich gegenseitig im Veränderungsprozess unterstützen würde.

   ----

3. Was wären die drei Hauptelemente der Botschaft, die Sie den anderen im Unternehmen vermitteln wollen, um sie von dem Nutzen der Veränderung zu überzeugen?

   ----

4. Welche einflussreichen Mitarbeiter in Ihrem Unternehmen könnten möglicherweise dafür gewonnen werden, Sie zu unterstützen?

   ----

5. Wie könnten Sie am besten erreichen, dass Ihre Botschaft von den Mitarbeitern in Ihrem Unternehmen immer wieder vernommen wird, um dadurch sicherzustellen, dass der Informations- und Überzeugungsprozess vorangeht?

Übung 18 (Fortsetzung)

6. Wie könnten Sie eine Gelegenheit herbeiführen, um zu hören, was andere im Unternehmen über die von Ihnen angesprochenen Probleme denken?

7. Auf welche Hindernisse werden Sie aller Wahrscheinlichkeit nach stoßen, und wie könnten Sie diese – indem Sie Ihre kreative Fantasie einsetzen – immer wieder überwinden und vermeiden?

8. Wie könnten Sie die Beteiligung und Mitbestimmung derjenigen im Unternehmen fördern, die voraussichtlich von der Änderung betroffen sind – welche Möglichkeiten haben Sie, sich mit ihnen zu treffen, Informationen mit ihnen auszutauschen und sie zu ermutigen, sich an der erfolgreichen Durchführung des Veränderungsprozesses zu beteiligen?

9. Wie können Sie sich am besten darauf vorbereiten, mit Konflikten und Unpopularität fertig zu werden?

10. Was hoffen Sie, in Bezug auf die Durchführung der Veränderung in einem Jahr oder in fünf Jahren zu erreichen?

Antworten Sie auf alle zehn Fragen und entwickeln Sie einen Plan, wie Sie die Neuerung erfolgreich realisieren können. Präsentieren Sie diesen Plan einer Gruppe von Leuten, die hinter Ihnen steht, und besprechen Sie, wie man Ihre Strategie verbessern könnte.

Fallstudie: Minderheiteneinfluss

In einem Primary Health Care Team (Ambulanz) in Yorkshire wollten die Krankenschwestern (Krankenschwestern, Gemeindeschwestern, Hebammen) für einen Tag in der Woche die Regelung der Patientenzuweisung per Telefon einführen: Beratung und Einteilung der Patienten, die um einen Hausbesuch baten.

Die Ärzte wehrten sich gegen diese Innovation. Sie fanden es nicht angebracht, das Pflegepersonal dadurch in den bisher den Ärzten vorbehaltenen diagnostischen Bereich einzubeziehen. Die Krankenschwestern brachten ihre Vorschläge immer wieder nachdrücklich vor, da sie die möglichen Vorteile für die Patienten und für die Ärzte sahen und gleichzeitig darin eine Bereicherung Ihrer Arbeit vor Auge hatten.

In der Folge kam es zu erheblichen Konflikten, die in einer Sitzung mit sehr angespannter Atmosphäre gipfelten, in der die Ärzte schließlich miteinander in Streit gerieten. Zehn Tage nach dieser Sitzung hatten die Ärzte noch einmal ein Gespräch und stimmten den Vorschlägen der Krankenschwestern zu. Zudem bestanden sie darauf, dass das neue Zuweisungsverfahren nicht nur an einem, sondern an drei Tagen in der Woche eingesetzt werden sollte (vielleicht in der Hoffnung, dass es sich als Fehlschlag erweisen würde).

Innerhalb eines Monats hatten die Hausbesuche der Ärzte um 70 Prozent abgenommen, und die Patienten zeigten sich äußerst zufrieden mit den Besuchen der Krankenschwestern und dem Zuweisungsverfahren. Schließlich ließen die durch den Innovationsprozess verursachten Meinungsverschiedenheiten nach, und jede »Partei« meinte, sie sei für den Erfolg der Innovation verantwortlich. Die Krankenschwestern hatten trotz des Konfliktes ihr Ziel hartnäckig verfolgt und eine Neuerung eingeführt, die ihre Arbeit bereicherte, die die Betreuung der Patienten verbesserte und unnötige Hausbesuche durch die Ärzte reduzierte.

Am Anfang stand ihre Vorstellung, wie man die Betreuung der Patienten verbessern könnte. Als Gruppe, die als Minderheit Einfluss ausüben wollte, unterstützten sie sich gegenseitig. Und es gelang ihnen, die Innovation zu realisieren, obwohl sie im Hinblick auf ihre Befugnisse nur eine Minderheit waren.

Mitbestimmung

Wird allgemein anerkannt, dass Innovationen nötig sind und Vorteile bringen, kann man Mitbestimmung als Strategie einsetzen. Die Mitbestimmung umfasst dabei drei Elemente:

- Die Kommunikation mit den voraussichtlich von der Innovation betroffenen Mitarbeitern,
- der Informationsaustausch mit ihnen sowie
- ihre Einbeziehung in den Entscheidungsprozess.

Mitbestimmungsprozesse unterscheiden sich von Konsultationsprozessen, in denen Mitglieder des Unternehmens nur zu Rate gezogen werden, aber keinen wirklichen Einfluss auf die Entscheidungsfindung haben. Wirkliche Mitbestimmung beinhaltet alle drei Elemente: sich mit den betroffenen Mitarbeitern verständigen, ihnen Einfluss auf die Entscheidung einräumen und in beide Richtungen Informationen austauschen. Forschungen belegen, dass der Widerstand gegen Innovation abnimmt, wenn die Mitarbeiter in den Innovationsprozess einbezogen werden.

Nehmen wir als Beispiel die Einführung von Arbeitsstrukturen, die auf Teamarbeit basieren. Die Strategie der Mitbestimmung könnte zunächst dort eingesetzt werden, wo es im Unternehmen bereits Teamarbeit gibt. Zuerst wird eine Übersichtskarte vom Unternehmen gezeichnet, die anzeigt, wo zur Zeit Teamarbeit funktioniert. So kann man die potenziellen Bereiche bestimmen, von denen eine weitere Teamarbeit ausgehen könnte. Mitarbeiter, die bereits im Team arbeiten, könnten Gespräche mit den anderen Mitarbeitern führen, um möglichst vielfältige Einsatzmöglichkeiten und Typen von Teams zu bestimmen. Die bereits bestehenden Teams könnten aufgefordert werden, ihre Effektivität zu überprüfen. Außerdem könnte man sie beraten, wie man Teamprozesse und -strukturen verändert, um so die Arbeitsleistung zu verbessern.

Mitglieder der vorhandenen Teams könnten auch die begleitenden organisatorischen Rahmenbedingungen überprüfen, um einzuschätzen, wie viel sie zu effektiver teamorientierter Arbeit beitragen. Sinnvoll ist auf jeden Fall die Einbeziehung der Mitarbeiter, die sich bereits für Teamarbeit engagieren, da diese Beispiele für die richtige Vorgehensweise einbringen können. Außerdem können sie die Funktion von »Botschaftern« für die Einführung von teamorientierter Arbeit im Unternehmen übernehmen.

Dieser Strategie liegt das folgende Prinzip zugrunde: die (nach Möglichkeit persönliche) Kommunikation und der Informationsaustausch mit den Mitarbeitern, die voraussichtlich von der Innovation betroffen sein werden, sowie ihre Einbeziehung in den Entscheidungsprozess sind der beste Weg, den Widerstand zu reduzieren und gleichzeitig die Innovation den betrieblichen Erfordernissen optimal anzupassen.

Autoritär-direktives Vorgehen

Wenn eine Innovation aller Wahrscheinlichkeit nach auf den Widerstand einer großen Gruppe innerhalb des Unternehmens stoßen wird oder einfach die Zeit für Beratungs- oder Mitbestimmungsprozesse fehlt, wählen manche Manager »autoritär-direktive Strategien«. Diese Strategien können nur von denen eingesetzt werden, die in dem Unternehmen genügend Befugnisse haben, um die Umsetzung einer Innovation zu erzwingen.

Der Einsatz autoritär-direktiver Strategien erzeugt unter den Angehörigen des Unternehmens aber erhebliche Animosität. Praktisch sieht dieses Vorgehen so aus, dass Mitarbeiter von Vorgesetzten gezwungen werden, die Veränderung gegen ihr eigenes Urteil oder ihren Willen anzunehmen – oftmals um den Preis der Arbeitsplatzsicherheit.

Tatsächlich sind in vielen Fällen autoritär-direktive Strategien der einzige Weg, unpopuläre Veränderungen zu realisieren. Beispielsweise wird die

Verringerung des Personalbestands in einem Unternehmen mit Sicherheit auf großen Widerstand stoßen. Beratungs- und Mitbestimmungsprozesse sind in diesem Fall häufig ungeeignet. Programme zur Änderung der Firmenkultur erfordern ebenfalls ein hohes Maß an Machteinsatz, um den Widerstand gegen die Veränderung zu überwinden, der natürlich häufig von denen ausgeht, die der »alten Kultur« verhaftet sind.

Zum Beispiel wehren sich Manager auf der mittleren Leitungsebene trotz der offensichtlichen Vorteile meistens heftig gegen die Einführung von Teamarbeit, weil sie ganz richtig erkennen, dass die Konsequenz eine Beschneidung ihrer Leitungs- und Kontrollbefugnisse sein wird. In vielen Unternehmen wird autoritär-direktives Vorgehen als die Hauptstrategie zur Realisierung von Veränderungen eingesetzt. Allerdings liegt der Preis eines solchen Vorgehens darin, dass die Arbeitnehmer erkennen, dass Reden und Handeln der Unternehmensleitung nicht übereinstimmen: Einerseits wird von Einbeziehung und Mitbestimmung der Mitarbeiter gesprochen, andererseits werden Veränderungen autoritär durchgesetzt.

Eine Kombination verschiedener Methoden

Richard Daft (1992) schlägt vor, verschiedene Methoden zu kombinieren, um eine Strategie zur Realisierung von Innovationen zu entwickeln. Sein Ansatz umfasst sieben Techniken zur Umsetzung von Neuerungen.

1. Stellen Sie den echten Bedarf an Veränderung fest. Es ist wichtig, sich genügend Zeit zu nehmen, um den wirklichen Bedarf an Veränderung festzustellen und zu bestimmen, wie das Problem gelagert ist.
2. Entwickeln Sie eine Idee, die eine Lösung für den Bedarf bedeutet. Sie müssen sich vergewissern, dass die Innovationsidee dem Problem wirklich gerecht wird.
3. Sichern Sie sich die Unterstützung der Geschäftsleitung.
4. Planen Sie eine schrittweise Umsetzung der Neuerung. Daft erklärt, dass sich die Erfolgsaussichten von Innovationen deutlich verbessern, wenn jeder Abschnitt des Prozesses für sich geplant und umgesetzt werden kann. Dann kann man mit so genannten »Kinderkrankheiten« – sollten sie auftauchen – einzeln fertig werden und muss nicht unzählige Probleme zur gleichen Zeit bewältigen.

5. Planen Sie, wie Sie Widerstand gegen die Veränderung überwinden können. Richten Sie Innovationspläne an den Bedürfnissen und Zielen der Beteiligten aus. An dieser Stelle ist es wichtig, sich zu vergewissern, dass die Innovation wirklich erforderlich ist. Wenn die Mitarbeiter innerhalb des Unternehmens nicht glauben, dass eine Neuerung von Nutzen ist, oder wenn die oberste Leitungsebene die Innovation nicht unterstützt, wird das Unternehmen sich gegen die Veränderung wehren. Weitere Möglichkeiten, um Widerstand abzubauen sind:
   - *Kommunikation und Schulung*. Eine klare und kontinuierliche Kommunikation über die Notwendigkeit und den Nutzen einer Innovation und über den Umsetzungsprozess verringert den Widerstand gegen Veränderung. Daft sagt zu Recht, dass weit mehr Kommunikation und Schulung stattfinden sollte, als es Manager gemeinhin für nötig halten, da der Bedarf für gewöhnlich unterschätzt wird.
   - *Mitbestimmung und Einbeziehung*. Um Widerstände gegen Veränderungen zu reduzieren, ist weitreichende und frühe Mitbestimmung der von der Innovation Betroffenen nötig. Bereits oben wurde darauf hingewiesen, dass sich Widerstand am besten durch Mitbestimmung und Einbeziehung begrenzen lässt.
   - *Zwang und Direktive*. Indem sie die Arbeitnehmer zwingt, die Innovation anzunehmen, macht die Unternehmensleitung von ihrer Macht Gebrauch, um Widerstände zu überwinden. So sollte man nur vorgehen, wenn der Zeitdruck sehr groß oder mit starkem Widerstand zu rechnen ist. Dabei sollten Manager allerdings auch bedenken, wie sich der Einsatz solcher Strategien langfristig auswirkt.

6. *Bilden Sie Innovationsteams*. Betriebliche Innovationen lassen sich effektiver realisieren, wenn Innovationteams gebildet werden, die für die erfolgreiche Umsetzung verantwortlich sind.

7. *Fördern Sie Vorkämpfer für neue Ideen*. Diese Innovationsverfechter sind Mitarbeiter, die von sich aus sich für eine spezielle Innovation stark engagieren. Man überträgt ihnen die Verantwortung dafür, dass die Unterstützung gewährleistet ist. Außerdem überzeugen sie andere vom Nutzen der Umsetzung.

Diese sieben Elemente von Darts Strategie können zusammen eingesetzt werden, um den Erfolg von Innovationsversuchen sicherzustellen. Zwei wichtige Themen werden dabei deutlich: Zum einen ist es notwendig, die Reaktionen der von der Innovation Betroffenen zu berücksichtigen. Zum anderen zeigt sich der besondere Wert von innerbetrieblichen Gewährsleuten, die die Innovation ausdrücklich unterstützen.

Wir befassen uns nun mit zwei Maßnahmen, mit denen man diese Punkte angehen kann: die Analyse der Spannungsfelder und der Interessengruppen sowie die Bildung eines »Innovationsbüros«.

Die Analyse der Spannungsfelder und der Interessengruppen

Die Übung auf der nächsten Seite beschreibt eine Strategie, die auf einer Kombination der Analyse der Interessengruppen und der dazugehörigen Spannungsfelder basiert. Man kann diese Strategie einsetzen, um den Widerstand gegen Innovationen zu verringern. Durch diese Übung ist es möglich, einen Überblick zu gewinnen, wie viel Widerstand gegen die Neuerung es wahrscheinlich geben wird und wo größere Probleme auftreten könnten. Sie ermöglicht die Planung einer Strategie, um den Widerstand gegen Veränderungen und Mitbestimmungsprozesse in einem Unternehmen zu steuern.

Übung 19: Den Widerstand gegen Innovation analysieren und steuern

1. **Schritt: Definieren Sie die Innovation, die Sie realisieren möchten.**
   Das Ergebnis der Innovation wird das neue Gleichgewicht sein, das Sie in Zukunft erreichen möchten. Daher ist es wichtig, dass Sie dieses Ergebnis klar definieren.

2. **Schritt: Einflussnahme einschätzen.**
   Bestimmen Sie Personen und Gruppen, die Einfluss darauf haben könnten, ob und wie Sie diese Innovation in Ihrem Unternehmen einführen. Bestimmen Sie für jede dieser »Interessengruppen« die wichtigsten Vor- und Nachteile, die ihnen aus der Einführung der Innovation erwachsen können.

Interessengruppe	Vorteile	Nachteile

3. **Schritt: Das Spannungsfeld.**
   Zeichnen Sie ein »Spannungsfeld«, in dem jede Interessengruppe durch einen Pfeil dargestellt ist. Legen Sie für jeden Pfeil zwei Merkmale fest:

   Die Richtung des Pfeils. Manchmal ist es schwierig, genau abzuschätzen, was andere denken. Um das Ziel dieser Übung zu erreichen, müssen Sie jedoch eine Entscheidung treffen, die auf Ihrer derzeitigen Kenntnis der Situation basiert. Auch wenn der Pfeil beispielsweise für eine Gruppe steht, in der es unterschiedliche Auffassungen gibt, müssen Sie dennoch entscheiden, in welche Richtung die Gruppe grundsätzlich tendiert. Sie können die Situation kenntlich machen, indem Sie den Pfeil schraffieren.

   Die Größe des Pfeils. Diese zeigt an, inwieweit die jeweilige Gruppe oder der einzelne Faktor die Einführung der Innovation zum Guten oder zum Schlechten beeinflussen kann. Sie können mit Farben und Schraffierungen arbeiten, damit die Pfeile Ihre Sicht der Situation so deutlich wie möglich wiedergeben.

Übung 19 (Fortsetzung)

4. Schritt: Planung des Vorgehens.

Wenn Sie nun Ihre Zeichnung eine Weile betrachten und darüber nachdenken, gewinnen Sie vielleicht neue Einblicke in die Situation. Sieht das Umfeld für die Einführung der Innovation günstiger aus, als Sie dachten? Oder haben die Pfeile auf der hemmenden Seite der Innovationslinie mehr Gewicht? An diesem Punkt sollten Sie überlegen, ob diese besondere Innovation zu dieser Zeit wirklich durchgeführt werden kann. Andererseits ist nach der Wiederherstellung des Gleichgewichts das Umfeld vielleicht sehr wohl in der Lage, die vorgeschlagene Innovation mitzutragen. In diesem Fall gibt Ihnen die Untersuchung des Spannungsfeldes die Möglichkeit zu entscheiden, wo Sie sich engagieren müssen, um

- die Macht und den Einfluss der hemmenden Kräfte zu schwächen;
- die Macht und den Einfluss der treibenden Kräfte zu stärken.

Ausgehend von Ihrer Analyse, können Sie nun festlegen, welche Schritte Sie unternehmen könnten, um den Einfluss der hemmenden Kräfte zu vermindern und den der unterstützenden Kräfte zu fördern? Ihr Aktionsplan sollte Ihnen bei der Bestimmung von wirksamen Strategien helfen.

Suchen Sie nach Möglichkeiten, das Gleichgewicht der Kräfte stärker zu Ihren Gunsten zu beeinflussen. Das könnte möglich sein, indem Sie neue konstruktive Kräfte finden oder indem Sie versuchen, den Einfluss mancher hemmenden Kraft zu verringern oder ganz auszuschalten. Viele Leute finden das letztere oft leichter. Um ein Bild zu gebrauchen: Es ist, als hätten Sie beim Autofahren das Gaspedal bereits ganz durchgedrückt, und es ist einfach unmöglich, noch mehr Gas zu geben. Vielleicht müssen Sie dann nur die Handbremse lösen! – Das wäre die einfachste Lösung!

- Aktionspläne am besten *schriftlich* festhalten! Das Aufschreiben hilft, Fragen zu klären und Problembereiche zu markieren.
- Wenn Sie sich auf eine Innovation festgelegt und einen umfassenden Plan zur Umsetzung ausgearbeitet haben, ist es sinnvoll, diesen Plan in einzelne *Unterpunkte* aufzugliedern. Je präziser diese sind, desto einfacher können Sie planen und Fortschritte kontrollieren.
- Maßnahmen sollten *bewertbar* sein! Welche Ergebnisse werden erwartet, die anzeigen, dass Maßnahmen erfolgreich durchgeführt wurden? Wenn Sie verschiedene Ergebnisse festlegen, die jeweils bestimmten Phasen des Umsetzungsprozesses zugeordnet werden, können Sie eine Maßnahme möglicherweise nochmals in Unterpunkte aufgliedern.
- Aktionspläne müssen *realistisch* sein! Innovationen scheitern häufig deshalb, weil die gesetzten Ziele unerreichbar sind.
- Aktionspläne und die anvisierten Ergebnisse sollten in einen klaren *Zeitplan* eingebunden sein.

Es kann sinnvoll sein, diesen Prozess mit einigen Kollegen durchzuspielen, da der Vergleich der aus dem Veränderungsprozess resultierenden Spannungsfelder nützliche und hilfreiche Einsichten in die Situation eines Unternehmens bringen kann.

Das Modell der Spannungsfeldanalyse wurde von Kurt Lewin (1935) entwickelt. Er beschrieb alle Situationen, in denen wir uns befinden, als ein »vorläufiges Gleichgewicht, das von zwei Kräften gehalten wird: treibenden Kräften, die nach Veränderung drängen, und hemmenden Kräften, die Veränderung meiden«. Der Innovator wird bei der Umsetzung umso erfolgreicher sein, wenn er diese Kräfte wirklich versteht.

Das »Innovationsbüro«

Zur Förderung von Innovationen entwickelte die Eastman Kodak Company in den späten siebziger Jahren das Modell des so genannten »Innovationsbüro«. Seitdem wurde dieses Modell von vielen anderen Unternehmen verwirklicht. Ziel dieses Vorgehens ist, alle am Innovationsprozess Beteiligten zusammenzubringen, um dadurch den Erfolg zu gewährleisten. Das Verfahren umfasst fünf Phasen.

1. **Entwickeln von Ideen**
   Der Ideenurheber trifft sich mit einem freiwilligen Assistenten im »Innovationsbüro« und erläutert seine Idee in groben Umrissen. Das »Innovationsbüro« ist in der Regel kein regulärer Raum, sondern ein virtuelles Büro, das unter Umständen von nur wenigen Mitarbeitern im ganzen Unternehmen organisiert und geleitet wird. Die Aufgabe des Assistenten ist es, die Idee und die damit verbundenen Fragen nach den technischen und finanziellen Mitteln zu prüfen. Außerdem soll er den Ideengeber unterstützen und begleiten. Der Assistent lotst den Urheber mitsamt seiner Idee durch das Labyrinth der diversen betrieblichen Instanzen und hilft bei der Beschaffung von Ressourcen zur Umsetzung der Innovation.

2. **Erste Bewertung**
   Wenn die ersten Gespräche zwischen Assistent und Urheber ergeben, dass die Idee weiterverfolgt werden soll, arbeitet der Ideengeber einen ein- bis zweiseitigen Projektentwurf aus. Gemeinsam wählen beide dann eine Gruppe von Experten innerhalb des Unternehmens aus, die

die Idee einer kritischen Prüfung unterziehen. In der Regel spricht man hier von »Beratern«. Fünf bis fünfzehn Berater werden ausgewählt und gebeten, den Entwurf zu prüfen und unter den Aspekten der Neuheit, der Marktanforderungen sowie der technischen Durchführbarkeit zu bewerten. Außerdem sollen sie sich dazu äußern, ob sie auch weiterhin in den Innovationsprozess einbezogen werden wollen.

3. **Gruppengespräch**
   Die Bewertungen der Berater werden gesammelt. Der Ideengeber und der Assistent treffen sich zu einem Gespräch. Wenn der Urheber beschließt, seine Idee weiterzuverfolgen, wird die Beratergruppe zur Prüfung des Vorschlags und der Situation einberufen. Alle treffen sich dann zu einer Reihe von Gesprächen, um auszuloten, inwieweit die Berater die Idee unterstützen, und um zu entscheiden, ob und wie weiter verfahren werden soll.

4. **Regelung der Finanzierung**
   Durch die gründliche Analyse und Prüfung der Idee wird ihr wirklicher innovativer Wert deutlich. Falls man sich daraufhin für ihre Umsetzung entscheidet, bemüht man sich um die Finanzierung. Das Hauptanliegen ist nun, im Unternehmen einen Befürworter für die Innovation auszumachen, der die Finanzierung sichert (oder die finanzielle Unterstützung durch andere Stellen gewinnen kann).

5. **Finanzierung**
   Die letzte Phase hat dann bereits offiziellen Charakter: Die Finanzierung ist gesichert und die Entwicklung der Innovation sowie ihre Umsetzung hat begonnen.

Kodak berichtet, dass infolge dieses Prozesses zwischen vierzig und sechzig Prozent der Ideen über die ersten beiden Phasen nicht hinaus kommen. Nur neun Prozent werden schließlich gezielt unterstützt.

Das »Innovationsbüro« bietet Mitarbeitern mit Ideen die Möglichkeit, Unterstützung durch Assistenten und Berater zu finden. Diese helfen ihnen, die Idee auszuarbeiten und sie durch die verschiedenen schwierigen Phasen der betrieblichen Umsetzung zu lotsen. Das Verfahren sichert auch denjenigen Innovationen gute Erfolgsaussichten, die auf der untersten betrieblichen Ebene entwickelt werden. Eastman Kodak schätzt den Wert der Ideen, die in einem Jahr allein vom »Innovationsbüro« eingebracht wurden, auf ungefähr 300 Millionen Dollar. Die Kosten des Projektes betrugen jedoch nur 0,3 Prozent der potenziellen Einnahmen.

Die Philosophie des »Innovationsbüros«

- Ideen und Menschen sind empfindlich.
- Ideen und Menschen müssen gehegt und gepflegt werden.
- Alle Ideen sollen angehört werden.
- Der Urheber einer Idee benötigt Hilfe, um die Idee weiterzuentwickeln und im Unternehmen für sie zu werben.
- Der Urheber ist der ursprüngliche Befürworter der Idee und sollte in ihre Entwicklung aktiv einbezogen werden.
- Nur Ideen, die ausgearbeitet und beurteilt worden sind und deren potenzieller Wert offensichtlich ist, werden dem Management vorgelegt. In die Ausarbeitung einer Idee müssen sowohl Marketingfragen als auch die technischen Möglichkeiten einfließen.
- Arbeitnehmer profitieren von der Gelegenheit, unter verschiedenen Blickwinkeln mit anderen Fachleuten zu kommunizieren und zu kooperieren.
- Oft ist ein Vermittler nötig, um die Kommunikation von Menschen aus unterschiedlichen Kulturen und mit möglicherweise gegensätzlichen Charakteren zu erleichtern.
- Das effektivste Vorgehen ist nicht zwangsläufig auch das effizienteste.

(Nach Rosenfeld/Servo 1990)

Zusammenfassung

Am Anfang eines jeden Innovationsprozesses steht die gründliche Analyse des Problems und die Klärung der anvisierten Veränderung. Dann sollte der erfolgreiche Innovator (sei es ein Einzelner oder eine Gruppe) jede Phase des Innovationsprozesses planen und Veränderungsstrategien wählen, die optimal zu den jeweiligen Phasen, dem betrieblichen Kontext und auch der Zielvorstellung passen. Soll zum Beispiel eine Neuerung eingeführt werden, die eine größere Beteiligung der Arbeitnehmer zum Ziel hat, wird der ausschließliche Einsatz von autoritär-direktiven Strategien den Innovationsprozess mit Sicherheit untergraben. Im Idealfall bilden Gegenstand, Kontext und Umsetzungsprozess der Innovation ein geschlossenes Ganzes.

> »Nie entscheidet bei einem schöpferischen Menschen, von wo er ausgegangen, sondern einzig, wohin und wie weit er gelangt ist.«
> Stefan Zweig

Innovation ist ein langer konfliktreicher Weg und erfordert eine Vision von Veränderung, Mut angesichts von Konflikten, Durchhaltevermögen angesichts von Widerständen sowie Klugheit, um einen Weg durch den komplexen Veränderungsprozess zu finden.

Innovatoren unserer Gesellschaft – Galileo, Martin Luther King, Aung San Suu Kyi, die Grünen, Darwin, die Feministinnen –, sie alle hielten an einer Vision fest und Mut, bewiesen Klugheit und Entschlossenheit, um Fortschritte zu erzielen. Das Gleiche gilt für jeden, der die Arbeitswelt zum Besseren verändern möchte.

Kapitel 7

Wegweisende Innovationen

»Gute Ideen werden von Leuten verworfen, die glauben, dass die Zukunft lediglich die Fortsetzung der Vergangenheit ist, und dass die Ideen, mit denen wir bis heute erfolgreich waren, dieselben Ideen sind, mit denen wir auch morgen erfolgreich sein werden.«
Nach Joel A. Baker

Theorie und Praxis

> »Konfrontiert mit der Wahl, die eigene Meinung zu ändern oder zu beweisen, dass dazu keine Notwendigkeit besteht, wählt fast jeder das zweite.«
>
> Nach John Kenneth Galbraith

Angesichts des nahenden dritten Jahrtausends wird in allen Sektoren der Wirtschaft erkannt, dass Innovation und Kreativität entscheidende Faktoren für eine effektive Entwicklung und gesundes Wachstum im Rahmen des harten Wettbewerbs um begrenzte Ressourcen und Märkte sind. Doch in welchen Bereichen sollten Unternehmen zuerst wesentliche Änderungen vornehmen?

Bevor wir uns dieser Frage zuwenden, müssen wir noch zwei Punkte der Innovationspraxis beleuchten. Der erste Punkt ist, dass zwischen dem Reden von Innovation und dem, was in Unternehmen tatsächlich geschieht, eine große Lücke klafft. Der zweite Punkt liegt darin, dass vielen Managern die Notwendigkeit, gleichzeitig mehrere Strategien einzusetzen, um Neuerungen anzuregen, anscheinend nicht bewusst ist.

Bei unseren Studien in Fertigungsunternehmen haben meine Kollegen und ich festgestellt, dass Personalmanagement in diesen Unternehmen generell keinen hohen Stellenwert hat. 40 Prozent der von uns untersuchten 120 Firmen verfügen über keine Fachleute im Personalbereich, zwei Drittel haben nicht einmal eine offizielle Personalstrategie. Beinahe die Hälfte der Firmen hat keinen schriftlich abgefassten Fortbildungsplan, obwohl in vielen Firmen Fortbildung in Bereichen wie zum Beispiel Qualitätssicherung auf dem Programm steht. Eine Analyse des Fortbildungsbedarfs der Mitarbeiter findet in mehr als der Hälfte der Firmen kaum oder gar nicht statt. Die Anforderungen an die Fähigkeiten und das Verantwortungsspektrum der Arbeiter in der Produktion sind begrenzt. Die meisten Arbeiten bestehen aus monotonen, sich ständig wiederholenden Abläufen. In Bezug auf Aufgabenwechsel (Job-Rotation) existiert bei zwei Dritteln der untersuchten Firmen keine geplante Personalpolitik. Chancengleichheit wird ebenfalls nicht als wichtig verstanden: Zwei Drittel der Firmen haben in diesem Bereich keine definierte Strategie (West u.a. 1995). Darüber hinaus zeigt die Analyse des Innovationsgrades in diesen Unternehmen, dass Neuerungen erstaunlich selten vorkommen.

Innerhalb des staatlichen Gesundheitswesens in Großbritannien (British National Health Service) findet sich im Personalmanagement und Fortbildung ein ähnlich niedriger Grad an Innovation (West/Anderson 1992). Und dies, obwohl das staatliche britische Gesundheitswesen mehr als eine Million Mitarbeiter beschäftigt und über ein Gesamtbudget verfügt, das ein Vielfaches von dem der meisten großen Unternehmen in Europa beträgt.

Selbst bei großen Wirtschaftsunternehmen gibt es Hinweise darauf, dass das Personalmanagement und andere kritische Bereiche der Organisation auffallend schwach entwickelt sind. Als Folge schlechten Personalmanagements und hoher Unsicherheit am Arbeitsplatz nimmt das betriebliche Engagement in den Unternehmen ab.

Viele – vielleicht sogar die meisten – Unternehmen hinken 50 Jahre hinter dem her, was bei Arbeitswissenschaftlern und »Management-Gurus« aktuell ist. Zeitschriften wie The Harvard Business Review und Managementschulen wie INSEAD (die berühmte französische Managementschule) sowie die London Business School befassen sich oft mit Ideen und Konzepten, die von der Realität der meisten Unternehmen weit entfernt sind. Trotz der guten Gedanken und Theorien, auch in vielen Management-Büchern, wird viel mehr geredet als getan. Während die meisten Manager zweifellos einen großen Teil der Managementtheorien verstehen, versagen viele bei der Umsetzung in die Praxis.

Die Notwendigkeit einer mehrgleisigen Strategie

Forschungsergebnisse weisen überzeugend nach, dass der Erfolg bei der Einführung von Innovationen und Änderungen in Unternehmen von dem Ausmaß abhängt, in dem Elemente des Veränderungsprozesses gleichzeitig eingeführt werden. Teamarbeit bedeutet dabei ein besonders wichtiges Element (Macy/Izumi 1993). Doch wenn Unternehmen vor so zahlreichen potenziellen Änderungen stehen, wo sollen sie beginnen?

Es gibt eine Flut von Konzepten, die mit Innovationen in Unternehmen zusammenhängen, wie beispielsweise BPR (Business Process Reengineering), TQM (Total Quality Management), PRP (Performance-Related Pay – leistungsabhängige Entlohnung), AMT (Advanced Manufacturing Technology – moderne Fertigungstechnologie), JIT (Just-in-Time Inventory Control – fertigungssynchrone Materialflusssteuerung), PDP (Personal Development Planning – Mitarbeiterförderung) und so weiter. Die Wahl eines Innovationskonzeptes mag erscheinen wie das Befolgen von Patentrezepten aus Management-Büchern. Eine solche Vorgehensweise führt allerdings in der Regel zu Umsetzungsproblemen.

Es gibt vier zentrale Bereiche, die zu beachten sind, wenn in einem Unternehmen Innovationen erfolgreich umgesetzt werden sollen:

- Erstens brauchen Unternehmen ein *klares Leitbild*, durch das sowohl die Mitarbeiter motiviert als auch die Festlegung von eindeutigen Zielen für Abteilungen, Teams sowie einzelne Mitarbeiter möglich werden. Mit einem klaren und inspirierenden Leitbild für die Zukunft und für den Weg dorthin wird in dem Unternehmen das Potenzial für Veränderungen gestärkt.
- Zweitens ist ein hohes Maß an *Mitbestimmung und Einbeziehung der Mitarbeiter* entscheidend, wenn ihre Fähigkeiten, ihre Arbeitsenergie und ihr Wissen in dem Unternehmen so effektiv wie möglich genutzt und dabei ihre Zufriedenheit erhöht werden sollen. Dies macht das Engagement von Mitarbeitern mit unterschiedlichen Auffassungen erforderlich, denn aufgrund dieser Unter-

schiedlichkeit sind konstruktive Konflikte und Auseinandersetzungen möglich, die wiederum zu neuen Ergebnissen führen.

- Drittens ist das Streben nach höchster Leistungsqualität – *Aufgabenorientierung* – notwendig. Das Ausrichten auf Qualität in allen Arbeitsabläufen, kritische Selbstbeurteilungen, Diskussionen, Analysen und ein kritisches, aber konstruktives Hinterfragen sind Kennzeichen innovativer Unternehmen. Unternehmen, die konstruktive Diskussionen fördern, brauchen Mechanismen, die die Kommunikation zwischen den Berufsgruppen und den Abteilungen sowie die funktionsübergreifende Teamarbeit und Aufgabenorientierung erleichtern.
- Viertens: Besonders eindeutig ist die Bedeutung der *Innovationsförderung*. Eine klare Innovationsstrategie ist unbedingt erforderlich, wenn Unternehmen Innovation und Kreativität wirklich fördern und unterstützen wollen. Diese Unterstützung muss jedoch in der Praxis, nicht nur in der Theorie stattfinden.

Es existieren vier Schlüsselbereiche von Innovationen. Anhand praktischer Beispiele zeige ich Ihnen, wie diese Fragen in Unternehmen angegangen werden können.

Zielvorgaben und Feedback

Die Forschung im Bereich der Arbeitspsychologie hat während der letzten 100 Jahre durchgängig die Erkenntnis gewonnen, dass das Festlegen von klaren Zielen für Mitarbeiter und häufiges, vorwiegend positives und genaues Feedback über die erbrachten Leistungen eine wirksame Methode zur Leistungsverbesserung ist.

Als Reaktion auf diese Erkenntnis erfolgte die Einführung von Mitarbeiterbeurteilungen, leistungsabhängiger Entlohnung, Leistungsmanagement, Unternehmensführung durch Zielvorgaben sowie Zielausweitungen. Dennoch ergab die Umsetzung dieser Methoden oft neue Probleme anstatt die alten Probleme zu lösen.

Nehmen wir beispielsweise Mitarbeiterbeurteilungen: Häufig sind diese verbunden mit Gesprächen zwischen einem Vorgesetzten und einem Mitarbeiter, in denen die bisherige Leistung besprochen, künftige Ziele festgelegt, berufliche Aufstiegsmöglichkeiten diskutiert und Fragen zur Entlohnung entschieden werden. Dies ist so, als ob man die Suppe, den Hauptgang, den Nachtisch und den Kaffee auf einem Teller vermengt – und dann die Serviette auch noch hineingibt.

Die Forschungsergebnisse zeigen, dass das eigentlich effektive Element der Mitarbeiterbeurteilungen das gemeinsame Festlegen von Zielen für die zukünftige Arbeit des Mitarbeiters ist. Ein Feedback sollte keinesfalls bis zum nächsten jährlichen Auswertungsgespräch verschoben werden, sondern sollte Bestandteil des Arbeitsprozesses sein und täglich erfolgen. Menschen lernen schneller, wenn sie nach der Erledigung einer Aufgabe so schnell wie möglich ein Feedback erhalten und wenn diese Rückmeldung ihnen detaillierte Informationen über ihre Fehler und Erfolge vermittelt.

Werden Leistungsziele jedoch nicht gemeinsam und vernünftig festgelegt, können sie zu unvorhersehbaren Problemen führen. Im britischen Universitätsbereich werden alle drei Jahre bei der Festlegung von Leistungszielen die Fakultäten auf der Basis von Publikationen der jeweiligen Fakultätsmitglieder beurteilt. Dies führte dazu, dass Universitäten kurz vor dieser Beurteilung Mitarbeiter einstellten, um so zusätzliche Gelder infolge einer besseren Leistungsbeurteilung zu erhalten. Diese Praxis wirkte sich auf das Arbeitsklima an den Fakultäten bisweilen ungünstig aus. Bei finanziell gut gestellten Fakultäten zeigte sich zwar eine Verbesserung des Betriebsklimas und der Förderung von Innovationen, während sich bei den finanziell schlechter gestellten Fakultäten ein stetiger Leistungsabfall ergab. Solche Teufelskreise sind die Folge solcher Leistungsbeurteilungssysteme. Bei der Festlegung waren die Akademiker zudem in vielen Fällen nicht einbezogen.

Unsere Forschung am Institut für Arbeitspsychologie hat weitere Beispiele zutage gefördert, bei denen Arbeitsteams Leistungsziele aufgezwungen bekamen, die ihnen selber nicht wichtig waren und die sie daher umgingen. Der menschliche Erfindungsreichtum zeigt sich in solchen Fällen häufig darin, dass gegenüber dem Management das Erreichen von Zielen behauptet wird, obwohl eine genaue Überprüfung das Gegenteil beweist. Wenn Leistung gemessen wird, ändern Menschen ihr Verhalten, jedoch nicht immer in vorhersehbarer Weise. Bei der Einführung von Innovationen, die höhere Zielvorgaben zum Ergebnis haben, sollten diejenigen, die sie erfüllen müssen, in die Definition der Ziele einbezogen werden. Die gemeinsame Festlegung von Zielvorgaben zusammen mit den betroffenen Mitarbeitern, Teams oder Abteilungen kann eine sehr effektive Methode zur Leistungsverbesserung sein.

Der erste Schritt dabei ist das Festlegen der Richtung, die die Unternehmensleitung einschlagen möchte. Wo soll das Unternehmen in zehn Jahren stehen? Der Auftrag des Unternehmens muss ebenfalls formuliert werden. Zu welchem Zweck sind wir da? Was wollen wir erreichen? Aus den Antworten auf diese Fragen ergeben sich damit verbundene Ziele und die Strategien zur Erreichung dieser.

Es folgt nun ein Beispiel der Darstellung von Leitbild, Auftrag und Zielen.

Leitbild, Auftrag und Ziele des Instituts für Arbeitspsychologie an der Universität Sheffield

Leitbild

Das Institut für Arbeitspsychologie an der Universität Sheffield hat sich innerhalb von zehn Jahren zu einem weltweit führenden Forschungsinstitut entwickelt, das Fragen im Zusammenhang mit Arbeitseffektivität und Arbeitszufriedenheit untersucht. Das Institut ist als ein »Center of Excellence« und führender Verfechter von maßgeblichen wissenschaftlichen Positionen in diesem Bereich anerkannt. Das Institut ist ein Modell für das Management von Forschungsinstituten in diesem Bereich. Zu den Mitarbeitern des Institutes gehören international renommierte Wissenschaftler. Die Mitglieder des Institutes sind stolz auf ihre Zugehörigkeit und schätzen die mustergültige Art, in der das Institut als Forschungszentrum geführt wird.

Auftrag

- Auf nachhaltige Weise das Verständnis dafür fördern, wie einzelne Personen, Gruppen und Unternehmen effektiv arbeiten. Eindeutige, kommunizierbare Hinweise auf effektive Formen von Arbeit erarbeiten.
- National und international renommierte Wissenschaftler auf dem Gebiet der Arbeitspsychologie gewinnen und bei der Weiterentwicklung von Forschung und Lehre unterstützen, die von höchster Qualität, innovativ und international maßgeblich sind.
- Einfluss nehmen auf Unternehmenspraktiken in allen Bereichen.
- Interventionsmethoden, Hilfsmittel und Techniken zur Förderung von Arbeitseffektivität entwickeln.
- Ein Modell für das Management von Forschungszentren sein.

Ziele

- Theorien entwickeln, die international anerkannt werden und so zur Weiterentwicklung von theoretischen Modellen und Forschungsaktivitäten führen.
- Bedeutsame Erkenntnisse zu Arbeitseffektivität und Arbeitszufriedenheit sammeln und diese generell verbreiten.
- Forschung und Praxis auf dem Gebiet der Arbeitspsychologie national und international beeinflussen und dadurch imstande sein, jährlich vier internationale Publikationen zu veröffentlichen.

- Praktische Unterstützung und Angebote für Wissenschaftler mit internationaler Reputation bieten, damit diese am Institut forschen. Ausreichende Mittel sicherstellen. Zu diesem Zweck jährlich mindestens zwei renommierte Forscher aus Übersee für Forschungsaufenthalte von mindestens drei Monaten gewinnen.
- Optimale Praktiken für das Arbeitsmanagement aufzeigen mit dem Ziel von Effektivität, Arbeitszufriedenheit und Engagement aller Mitarbeiter sowie ihrer Förderung. Dabei optimale Praktiken aus anderen Sektoren zur Entwicklung von effektiven Managementpraktiken und -stilen heranziehen.
- Nachweisbaren Einfluss auf die Praxis in Unternehmen aufzeigen sowie einen zusätzlichen praktischen Nutzen für Unternehmen, die die von dem Institut verbreiteten Erkenntnisse bzw. entwickelten Hilfsmittel nutzen. Hierzu wesentliche Kosteneinsparungen bzw. gesteigerte Effektivität in Unternehmen darlegen, die diese Erkenntnisse des Institutes nutzen.
- Jährlich eine wachsende Anzahl an Publikationen in angesehenen internationalen Zeitschriften produzieren.
- Alle zwei Jahre eine Publikation herausbringen, die die Palette der in dem Institut entwickelten Interventionsmethoden, Hilfsmittel und Techniken beschreibt, und jährliche Ziele für den Einsatz dieser Instrumentarien, Hilfsmittel und Techniken in einer vorher festgelegten Anzahl von Unternehmen definieren und erreichen.
- Jährlich eine wachsende Anzahl von Publikationen in internationalen Wirtschaftsjournalen veröffentlichen.
- Alle fünf Jahre zwei oder drei Bücher herausgeben, die als maßgeblich für den Arbeitsbereich des Institutes anerkannt werden.
- Jährlich durch jeden Angehörigen des Institutes zwei oder drei Artikel in renommierten Zeitschriften und mindestens einen Artikel in Wirtschaftsjournalen veröffentlichen.
- Das Arbeitsrecht in Bezug auf das Arbeitsmanagement beinflussen und diesen Einfluss über jeweils einen Zeitraum von fünf Jahren darlegen.

Von dieser Darstellung von Leitbild, Auftrag und Zielen lassen sich die Ziele von Abteilungen, Projektgruppen und Arbeitsteams in enger Abstimmung mit deren Mitarbeitern herleiten. Von diesem Punkt aus können wiederum die Ziele für die einzelnen Mitarbeiter im Unternehmen festgelegt werden.

Frauen im Arbeitsprozess

Eine der entscheidenden Herausforderungen für Unternehmen ist es, zu lernen, die Verschiedenheit der Auffassungen von Mitarbeitern in modernen, heterogenen Unternehmen so zu lenken und zu nutzen, dass Kreativität und Innovation gefördert werden. Je verschiedenartiger die Belegschaft ist, desto verschiedenartiger sind die Auffassungen, Einstellungen, Fähigkeiten, Ideen und Paradigmen. Auch wenn es zu Anfang mühsam sein mag, mit den daraus resultierenden Meinungsverschiedenheiten umzugehen, so ist diese Verschiedenartigkeit doch die Wurzel für Kreativität und Innovation. Die Verschiedenartigkeit der Belegschaft umfasst Unterschiede in Bezug auf Geschlecht, soziokulturellen Hintergrund, nationale Herkunft, Alter und fachliche Qualifikationen. Der zweite sehr wichtige Punkt ist, dass die Mitbestimmung am Arbeitsplatz gewährleistet ist. Die Probleme in diesem Bereich lassen sich am besten anhand der Erfahrungen von Frauen im Arbeitsprozess darstellen.

Ein für den Arbeitswissenschaftler hervorstechendes Phänomen betrifft die Dominanz von Männern in den höheren Bereichen der Organisationshierarchien. Zum Beispiel haben meine Kollegen mehr als 400 leitende Manager in britischen Unternehmen befragt. Darunter war nur eine Frau, und diese war mit dem Geschäftsführer verheiratet. Die geschlechtsspezifische Besetzung von Stellen ist ebenfalls weit verbreitet. Die Sekretariatsstellen sind fast immer mit Sekretärinnen besetzt, Krankenpflegekräfte sind in der Regel Krankenschwestern, Ärzte sind auch heute noch meistens Männer. Von einer Million Manager im mittleren und oberen Management in Großbritannien sind nur vier Prozent weiblich. In den USA, die lange Zeit als Paradies für Chancengleichheit galten, sind nur fünf Prozent der oberen Führungspositionen mit Frauen besetzt. Diese Zahl hat sich während der letzten zehn Jahre kaum geändert.

Zu den Hindernissen für die Karrieren von Frauen gehören geschlechtsspezifische Klischees, das Erziehungssystem, soziale Einstellungen, Arbeitsstress sowie Konflikte durch die Doppelbelastung von Haushalt und Erwerbsarbeit.

In Unternehmen wird viel über Chancengleichheit geredet, doch in der Realität spielen sich Veränderungen quälend langsam ab. Selbst wenn Veränderungen stattfinden, bleiben doch noch viele unsichtbare Hürden, die die Position von Frauen schwächen. In unserer Studie zu Führungskräften und ärztlichen Mitarbeitern des staatlichen Gesundheitswesens in Großbritannien, von denen viele weiblich sind, haben wir festgestellt, dass eine Rolle, die nicht den gesellschaftlichen Erwartungen entspricht, außergewöhnlich viel Stress bedeutet. Anscheinend verursachen die unsichtbaren Hindernisse für Frauen in traditionell männlichen Berufen einen für ihre Arbeit negativen Stress. Dabei sind weibliche Manager, die in Unternehmen gleichwertige Positionen wie männliche Manager innehaben, im Durchschnitt besser ausgebildet.

Forschungsergebnisse zeigen, dass weibliche Manager durch Dinge motiviert werden, die für innovationsorientierte Unternehmen besonders wichtig sind. Frauen werden mehr als Männer durch ein Bedürfnis nach persönlicher Entwicklung motiviert. Sie entwickeln neue und bessere Arbeitsweisen, sie führen ihre Arbeit auf ihre eigene kreative Art und Weise aus, verbessern das Arbeitsklima und bringen ihr Arbeitsleben mit ihrem Privatleben in Einklang.

Männliche Manager dagegen werden eher durch Sicherheit, Gehalt, Lohnnebenleistungen und Karrierechancen motiviert (Nicholson/West 1988). Diese Motive sind natürlich schwieriger in modernen Unternehmen zu erfüllen, in denen die Arbeitsplatzsicherheit und Karrieremöglichkeiten beschränkt sind. Die Motivationsanalyse der weiblichen Führungskräfte zeigt, dass Frauen Einzigartiges zu Innovationen beitragen können. Doch die Hindernisse für Frauen aufgrund von Strukturen und gesellschaftlichen Einstellungen schwächen ihren Beitrag ab.

Es gibt aus der Forschung eine Reihe von Hinweisen darauf, dass der weibliche Führungsstil in Unternehmen besser für die Unternehmen der Zukunft geeignet ist. Frauen neigen zu einem »beziehungsorientierten« Führungsstil, der die Kreativität der Mitarbeiter und die zwischenmenschlichen Beziehungen fördert. Männer dagegen tendieren eher zu einem »verhaltensorientierten« Führungsstil, der Verhaltensweisen durch Belohnungen und Bestrafungen lenkt. Der weibliche Führungsstil erscheint zur Förderung von Innovationen besonders geeignet, da er eher eine selbst- als eine außenmotivierte Arbeitsorientierung fördert.

Um es kurz zu machen: Die Forschung zeigt, dass Frauen den Unternehmen der Zukunft im Hinblick auf Innovation viel zu bieten haben. Eine enorme Verschwendung von Ressourcen (ganz abgesehen von den moralischen und ethischen Fragestellungen) findet statt sowohl in Unternehmen als auch ganz allgemein in der Gesellschaft, solange Frauen weiterhin von einer gleichberechtigten Teilnahme am Arbeitsleben ausgeschlossen sind.

Die Hansard Society Commission empfiehlt folgende Innovationen in Unternehmen, um die Benachteiligung von Frauen zu eliminieren:

Frauenförderung

- Eine gut durchdachte Firmenpolitik der Chancengleichheit, die regelmäßig überprüft wird.
- Fortbildung zum Thema Chancengleichheit für alle bei der Personalauswahl und -beförderung Verantwortlichen.
- Einstellungs- bzw. Beförderungsgespräche werden von einer männlichen und einer weiblichen Führungskraft geführt.

- Präzise Arbeitsplatzprofile, um gerechtere Entscheidungen zu Einstellungen und Beförderungen treffen zu können.
- Objektive Bewertungskriterien für Einstellungen und Beförderungen.
- Externe Stellenausschreibungen.
- Rechenschaftsberichte zum Status der Chancengleichheit.
- Die Wahrung der Chancengleichheit bei Einstellungen und Beförderungen beachten.
- Klare Ziele für eine ausgewogene Mischung von weiblichen und männlichen Mitarbeitern.
- Vereinbarungen von Teilzeitarbeit und Job-Sharing für ältere Mitarbeiter.
- Gleitzeit.
- Möglichkeit zu Hause zu arbeiten.
- Jährliche Arbeitsstunden anstatt wöchentlicher Arbeitsstunden (ermöglicht größere Flexibilität).
- Forderungen nach Mobilität der Mitarbeiter streichen bzw. reduzieren, da dies Frauen oder Familien mit Kindern benachteiligt.
- Gemeinsame Karrieremöglichkeiten für Ehepartner schaffen.
- Altersbeschränkungen streichen.
- Karriereunterbrechung ermöglichen.
- Kleinkinderbetreuung am Arbeitsplatz.
- Hilfen für die Kinderbetreuung.
- Erziehungsurlaub.
- Verlängerter Mutterschaftsurlaub.
- Interne Karrieremöglichkeiten.
- Für die Chancengleichheit werben.
- Fortbildungsprogramme nur für Frauen.
- Eintreten der Geschäftsleitung für Veränderungen.
- Fortbildungen, die das Bewusstsein der Mitarbeiter für Fragen der Chancengleichheit fördern.

Da sich Widerstand nicht vermeiden lässt, sind Visionen, Engagement und Mut vonseiten der Führungskräfte notwendig, um die erfolgreiche Umsetzung dieser Innovationen sicherzustellen. In jedem Fall aber sind diese Veränderungen sowohl strategisch wie auch moralisch geboten.

Teamarbeit in Unternehmen

Ein weiterer Weg der Innovationsförderung ist die Einführung von Teamarbeit. Es wird zwar viel über die Einführung von Teamarbeit geredet, die Wirklichkeit sieht jedoch ganz anders aus. In vielen Unternehmen scheinen die Manager ziemlich unsicher zu sein, wie sie Teamarbeit einführen sollen (Mohrman/Cohen/Mohrman 1995). Unsere Studie zum staatlichen Gesundheitswesen (British National Health Service) in Großbritannien hat gezeigt, dass es dort trotz der enormen Größe der Organisation und dem eindeutigen Bedarf an Arbeitsmethoden, die auf Teamarbeit basieren, nur relativ wenig effektive Teamarbeit gibt.

Teamarbeit ist aber ein wichtiger Bereich, um Innovationen zu fördern. Die Effektivität und Innovationsfähigkeit eines Unternehmens kann erheblich verbessert werden, wenn Menschen mit unterschiedlichen Auffassungen und beruflichen Erfahrungen zusammenarbeiten.

Macy und Izumi (1993) untersuchten eine große Anzahl von Studien, die sich mit Veränderungen in Unternehmen befassten, um deren Effektivität festzustellen. Die Ergebnisse zeigen, dass Interventionen mit den größten Auswirkungen auf die Unternehmensbilanzen von Teams erarbeitet und durchgeführt worden waren. Durch diese Interventionen wurden auch die Mitarbeiterfluktuation und die Fehlzeiten stärker reduziert als durch andere Maßnahmen. Daran wird deutlich, dass Maßnahmen, die sich an der Teamarbeit orientieren, weitreichende positive Wirkungen in Unternehmen haben können.

Eine weitere Studie, die über 700 Betriebe umfasste, ergab, dass Unternehmen mit Teamarbeit effektiver in ihrer Leistung sind. Der Einsatz von Teamarbeit stellt eine entscheidende innovative Maßnahme mit tiefgreifenden Auswirkungen auf die Unternehmensstruktur dar.

In diesem Buch sind viele Beweise für die Auswirkungen von Teamarbeit auf die Innovationsfähigkeit von Unternehmen vorgelegt worden. Nun besteht die Herausforderung darin, Unternehmen so zu gestalten oder umzugestalten, dass teamorientierte Arbeitsstrukturen möglich werden.

Die folgende Übersicht zeigt die Faktoren, die bei der Einführung von Teamarbeit zu berücksichtigen sind, sowie ein Vier-Stufen-Modell für die Umsetzung. Die Komplexität des Prozesses lässt erkennen, dass die Umwandlung in ein Unternehmen, in dem Teamarbeit ein grundlegendes Element bildet, lange dauert. Eine solche Umstellung umfasst das gesamte Unternehmen und berührt fast alle betrieblichen Aspekte.

Ist Arbeit auf Teambasis die Lösung?

Das Vier-Stufen-Modell

Externe Indikatoren
- Marktbedarf
- Technologische Komplexität
- Beziehungen zu Lieferanten und Kunden

Betriebliche Indikatoren
- Wachstum und Entwicklung
- Bedarf an Mitarbeitern

Stufe 1
Bewertung des Umfelds
- Firmenkultur
- Betriebsklima
- Widerstände gegenüber Veränderungen

Konzipieren von Teamformen und Teamstrukturen
- Bestehende Strukturen prüfen
- Unternehmensziele und Leistungsindikatoren bestimmen
- Teams und Teamstrukturen konzipieren

Stufe 2
Aufbau von unterstützenden Strukturen
- Integrierte Personalstrategien
- Kommunikationssysteme
- Prozessunterstützende Systeme
- Feedback
- Teamübergreifende Prozesse

Stufe 3
Entwicklung von effektiven Teamprozessen
- Teamkompetenzen feststellen
- Methoden zur Teamzusammenstellung und Mitarbeiterauswahl
- Teamtraining
- Kommunikations- und Entwicklungsprozesse
- Team-Management

Stufe 4
Bewertung und Förderung der Teamleistung

Indikatoren der Teameffektivität:
- Ergebnisse
- Selbstständigkeit
- Klima
- Innovationen
- Zufriedenheit der Teammitglieder

Messen der Effektivität des Unternehmens:
- wirtschaftliche Leistung
- Innovationen

nach Markiewicz und West (1996).

Innovationen unterstützen

Viele Firmen geben in ihren Aufgabenbeschreibungen an, dass sie Innovationen unterstützen. Jedoch sind besonders Managementteams auf der obersten Leitungsebene notorisch konservativ und versäumen es in der Praxis oftmals, Innovationen in ihren Unternehmen zu fördern. Obwohl überall viel davon geredet wird, gibt es nur wenig praktische Unterstützung.

> »Das größte der Güter ist ein ungehindertes Fortschreiten zu immer weiteren Zielen.«
>
> Jean de la Fontaine

Dennoch gibt es einige gute Beispiele dafür, wie Unternehmen Innovation unterstützen. Einige Unternehmen (zum Beispiel 3M) bieten ihren Mitarbeitern die Möglichkeit, einen großen Teil ihrer Arbeitszeit zur Verwertung von neuen Ideen zu nutzen. Andere Firmen unterstützen innovative Ideen von Mitarbeitern aus der Produktion, indem sie die Mitarbeiter zur Entwicklung und Umsetzung von Ideen auffordern. Das Beispiel des innovativen Einsatzes von Bürstenköpfen in der Draht- und Kabelfirma aus dem ersten Kapitel dieses Buches ist ein gutes Vorbild. Bei einem Kfz-Zulieferer, den ich besuchte, wurde einer Sachbearbeiterin, kurz nachdem diese Arbeit eingeführt worden war, die Aufgabe der Koordinierung der gesamten Teamarbeit im Unternehmen übertragen. Dies erfolgte auf Initiative und mit Unterstützung eines weit blickenden geschäftsführenden Direktors, der sich sehr für Innovationen, persönliches Wachstum, Entwicklung und Risikobereitschaft einsetzt. Innerhalb von ein oder zwei Jahren eignete sich die Sachbearbeiterin so viel Kompetenz und Erfahrung an, dass sie inzwischen vor Führungskräften aus dem ganzen Land Vorträge über das Management von Teamarbeit in Unternehmen hält.

Unternehmen müssen Innovationen auf allen Ebenen unterstützen und belohnen – Unterstützung und Belohnung allein reichen jedoch nicht aus. Das Engagement muss auch die Bereitstellung von Ressourcen, Zeit und Kooperationen bei der Entwicklung von neuen und verbesserten Methoden umfassen, egal woher die Ideen in dem Unternehmen kommen. Dies bedeutet, dass Energie, Zeit und die notwendigen Ressourcen speziell denjenigen zur Verfügung gestellt werden, die Ideen für Innovationen sowie Begeisterung und Motivation haben, diese in die Praxis umzusetzen. Verbale Unterstützung von Innovationen wird schnell unglaubwürdig, wenn sie nicht durch Taten gestützt wird. Es folgen nun praktische Beispiele für die Unterstützung von Innovationen in Unternehmen:

Belohnungen

Bei der United Electric Control Company gibt es ein Programm zur Förderung von Ideen. Für jede verwertbare Idee werden 100 US-Dollar bezahlt. Außerdem werden kurzzeitig Mitarbeiter-Gruppen gebildet, so genannte »Action Centers«, die spezielle Probleme lösen sollen. Jeder Mitarbeiter kann jederzeit ein solches »Action Center« ins Leben rufen. Konferenzräume sind immer verfügbar.

Optimale Praktiken

PepsiCo schickt Führungskräfte auf »Fortbildungsreisen« zu Firmen, die für Innovationen bekannt sind.

Ressourcen

Frito-Lay Inc. produziert pro Minute 10 000 Verpackungen für Snacks. Teams und Mitarbeiter aus der Forschung entwickeln jedes Jahr Hunderte von neuen Produktideen. Diese Ideen werden an fünf Abenden pro Woche von 100 Leuten getestet, die bis zu zehn verschiedene Produkte ausprobieren. Frito-Lay ist eine innovative Firma, die einen beträchtlichen Teil ihrer Ressourcen für Innovationen verwendet.

Flexible Strukturen

Um innovativ zu sein, sollten Unternehmen die Phase der Ideenfindung als organischen Prozess und die Phase der Umsetzung als mechanischen Prozeß gestalten. Die Philips Corporation, die Baumaterialien herstellt, bildet jedes Jahr 150 Teams (mit fünf Mitarbeitern pro Team). Jeweils fünf Tage lang sind diese zusammen, um Brainstormings durchzuführen und Probleme zu lösen. Nach diesen fünf Tagen kehren die Mitarbeiter an ihre normalen Arbeitsplätze zurück, um die erarbeiteten Änderungen umzusetzen.

Innovative Strukturen

Illinois Tool Works bildet immer dann einen neuen Geschäftsbereich, wenn ein neues Produkt entwickelt wird. Gegenwärtig hat die Firma 90 Geschäftsbereiche, und das Unternehmen ist hochgradig dezentralisiert. Jeder Bereich ist selbst für Forschung und Entwicklung, Marketing und Produktion zuständig. Kundennähe wird besonders betont. Die Mitarbeiter wenden für die Einführung von Innovationen in den Produktionsprozess und in die Arbeitsorganisation genauso viel Zeit auf, wie sie für die Entwicklung neuer Produkte brauchen.

Kontinuierliche Verbesserungsprogramme (KVP)

Diese Programme dienen dazu, die Kenntnisse der Mitarbeiter zur Verbesserung von Produkten, Dienstleistungen und Arbeitsmethoden zu nutzen. Mit solchen Programmen hat Cadillac seine Fehlerquote innerhalb von drei Jahren um 60 Prozent reduziert. In der Liste der Kundenzufriedenheit ist die Firma vom siebzehnten auf den vierten Platz aufgestiegen und hat gleichzeitig die Produktivität um 50 Prozent gesteigert. Zu den Elementen der KVP gehören:

- Ein Plan zur kontinuierlichen Verbesserung aller betrieblichen Prozesse.
- Strategien für konkurrenzbezogenes Benchmarking (Vergleiche mit den weltweit besten Firmen).
- Enge Beziehungen zu Lieferanten und Kunden.
- Ein umfassendes Verständnis für die Anforderungen der Kunden.
- Konzentration auf Fehlervermeidung statt Fehlerkorrektur.
- Ausrichten auf Qualitätssteigerung im gesamten Unternehmen.

Kreative Abteilungen

Raytheon hat seit 20 Jahren ein »New Product Center«. In dem Center sind Mitarbeiter selbstständig mit der Entwicklung neuer Ideen beschäftigt, während sie gleichzeitig enge Beziehungen zu anderen Abteilungen pflegen. Einige Forschungs- und Entwicklungsabteilungen können – mit der notwendigen Kompetenz ausgestattet – eine ähnliche Funktion erfüllen.

Venture-Teams

Dow Chemicals hat ein Venture-Team gebildet, das völlige Freiheit besitzt, in jeder Abteilung der Firma neue Venture-Projekte einzurichten. In großen Unternehmen wie IBM sind neue Venture-Teams wie Firmen in der Firma. Sie werden eingesetzt, um kreative Mitarbeiter von der Bürokratie zu befreien. IBM bildet jedes Jahr solch eine Firma in der Firma. Der Personalcomputer von IBM wurde ursprünglich von einem solchen Venture-Team entwickelt.

Anwälte für neue Ideen

Bei der Auswertung seiner Innovationsversuche stellte Texas Instruments fest, dass fehlgeschlagene Innovationen keinen Befürworter gehabt hatten. Es fehlte also jemand, der unbeirrt an die Idee glaubte und für ihre Umsetzung kämpfte. Daher werden nur noch Innovationen unterstützt, die leidenschaftliche Befürworter haben.

Als Steven Wozniak im Jahr 1975 versuchte, Hewlett Packard zu überreden, in seine Idee des Anschlusses von Mikrocomputern an TV-Geräte zu investieren, lehnten sie ab. Wozniak verließ die Firma und gründete zusammen mit Steven Jobs eine neue Firma namens Apple Computers.

Dies alles sind nachahmenswerte Beispiele. Es gibt jedoch nicht den *einen* optimalen Weg zur Unterstützung von Innovationen. Das Importieren von Methoden anderer Firmen und Kulturen kann die Innovationsfähigkeit im eigenen Unternehmen stimulieren. Wenn diese Methoden aber nicht der Firmenkultur angepaßt werden, können sie leicht misslingen. Es gibt verschiedene Wege zur Unterstützung von Innovationen, von denen jeder Weg seine Stärken und Schwächen hat. Die dargestellten vier Prinzipien:

- klares Leitbild und klare Ziele,
- Mitbestimmung der Mitarbeiter,
- Streben nach höchster Leistungsqualität,
- Unterstützung von Innovationen in der Praxis

sind in jedem Fall die zentralen Punkte einer jeden Innovationsstrategie.

Zusammenfassung

> »Was immer du tun willst, oder wovon du träumst, beginne es. Kühnheit besitzt Genie, Stärke und magische Kraft. Beginne jetzt.«
>
> Johann Wolfgang von Goethe

»... während der letzten zwanzig Jahre hat sich eine breite Front gebildet, die für Veränderungen der Arbeitswelt plädiert. Arbeitgeber wollen Waren und Dienstleistungen mit höherer Qualität und niedrigeren Kosten anbieten. Arbeitnehmer wollen ihre Arbeitsplätze sichern und Einkommensverluste ausgleichen. Gewerkschaften wollen ihren Einfluss wiedergewinnen. Regierungen wollen das Vertrauen in die öffentlichen Einrichtungen wiederherstellen. Die zentrale Frage ist, ob diese unterschiedlichen Gruppen bei der Schaffung neuer Arbeitsstrukturen, die den Bedürfnissen der verschiedenen beteiligten Gruppen entsprechen, zusammenarbeiten können« (nach: Applebaum/Batt 1994).

Innovationen schließen Risikobereitschaft ein und erfordern Mut – »Business as usual« funktioniert nicht mehr länger. Unternehmen müssen folglich in der Lage sein, ihre Arbeitsmethoden gründlich zu überdenken. Gründliches Nachdenken zeigt sich darin, inwieweit Unternehmen, Teams, Abteilungen und Einzelne die Unternehmensziele, Strategien und Prozesse prüfen, sie in Frage stellen und entsprechend modifizieren.

Unternehmen und Teams, die solche Reflexionen vornehmen und die bereit sind, ihre Rollen, Ziele und Paradigmen durch Innovationsprozesse ständig zu hinterfragen und neu zu definieren, entwickeln ein umfassenderes und zugleich präziseres Verständnis ihrer Aufgaben. Sie können Probleme besser voraussehen und besser mit ihnen umgehen. Die Unternehmen mit dem am meisten ausgeprägten Reflexionsvermögen sind diejenigen, in denen es rege Aktivitäten, Diskussionen und Auseinandersetzungen gibt. Innovationen finden statt und alle Mitarbeiter haben wirklich das Gefühl, einbezogen zu sein.

Die Mitarbeiter in Unternehmen müssen lernen, nicht nur über Innovationen zu reden, sondern sie entsprechend umzusetzen. Ein kluges, durchdachtes Steuern von Veränderungen fördert effektive Neuerungen. Wir brauchen allerdings Führungskräfte, die nicht nur von ihren Überzeugungen reden, sondern den Mut haben, sie in die Praxis umzusetzen.

Lösungen

Uhren-Rätsel auf Seite 38

- Die Uhr fiel mit der Vorderseite des Zifferblattes auf den Boden und war durchsichtig, sodass neue Kombinationen möglich sind.
- Die Risse gingen durch Ziffern hindurch, zum Beispiel durch die XI, sodass die X und die I nun für sich standen.
- Die Risse teilten manche Ziffern, zum Beispiel die X, sodass sich daraus zwei Vs (zwei Fünfen) ergaben.
- Die Anzahl der Ziffern zählt mehr als ihr Wert – die XII ist eine dreistellige Zahl, aber auf ihren Wert (12) kommt es nicht an.

Neun-Punkte-Rätsel auf Seite 39

- Ziehen Sie Ihre Linien über die durch die Punkte markierten Grenzen hinaus:

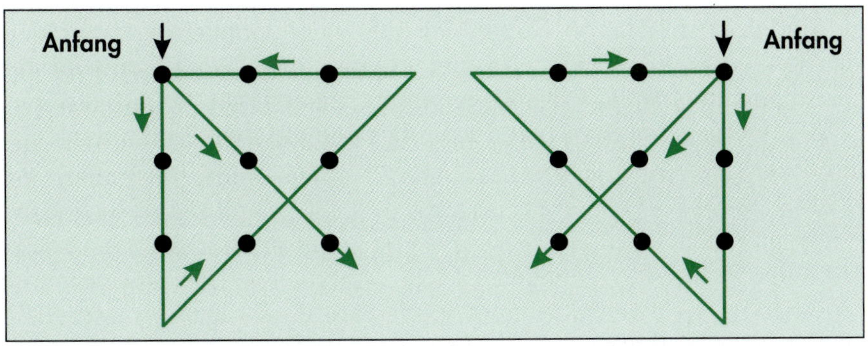

- Ziehen Sie dreimal eine Linie um die Figur, und durchkreuzen Sie bei jeder Umrundung eine andere Linie von Punkten.
- Schneiden Sie die Punkte aus, und legen Sie sie in eine gerade Linie nebeneinander.
- Benutzen Sie einen Kugelschreiber mit einziehbarer Mine, sodass keine Linie auf dem Papier hinterlassen wird, während Sie von einer Punktreihe zur nächsten gehen.

Rätsel »Der Weg der Nonne« auf Seite 39

- Stellen Sie sich zwei Nonnen vor. Eine verlässt bei Sonnenaufgang den Berggipfel, um zum Fuß des Berges zu gelangen und folgt dem einzigen Pfad bergab, während am gleichen Tag und zur gleichen Zeit die andere Nonne ihren Aufstieg beginnt – den gleichen Pfad entlang. Sie werden sich zwangsläufig treffen!

- Zeichnen Sie ein Koordinatensystem, bei dem eine Achse die erreichte Höhe des Weges und die andere Achse die Tageszeit anzeigt. Dann zeichnen Sie die zwei Wegstrecken ein (Höhe des Weges zur Tageszeit). Die eine beginnt auf dem Berggipfel, die andere am Fuß des Berges, und beide beginnen bei Sonnenuntergang. Sie kreuzen sich zwangsläufig. Sie zeigen die beiden Wanderungen der Nonne, zwischen denen vier Tage liegen.

- Ein Punkt, an dem die Nonne sich auf beiden Wanderungen zur gleichen Tageszeit befindet, ist »der Anfang« ihres Weges, obwohl der Anfang im einen Fall der Berggipfel ist, im anderen der Fuß des Berges. Im weiteren Sinne kann man dies den gleichen Punkt nennen.

Literaturverzeichnis

Adams, J.: The Care and Feeding of Ideas. Penguin, Harmondsworth 1988.

Anderson, N./West, M.A.: The Team Climate Inventory: Manual and user´s guide. ASE Press, Windsor (Berks) 1994.

Applebaum, E./Batt, R.: The New American Workplace: Transforming work systems in the United States. ILR Press, New York 1994.

Bunce, D./West, M.A.: Self perceptions and perceptions of group climate as predictors of individual innovation at work. Applied Psychology: An International Review, 44/1995, 199–215.

Burningham, C./West, M.A.: Individual, climate and group interaction processes as predictors of work team innovation. Small Group Research, 26:1/1995, 106–117.

Chatwin, B.: The Songlines. Picador, London 1987.

Csikszenzmihaly, M./LeFeure, J.: Optimal experience in work and leisure. Journal of Personality and Social Psychology, 56/1989, 815–822.

Daft, R.L.: Organizational Theory and Design, 4th edn. West Publishing Company, New York 1992.

Davidson, M.: Women and employment. In: Warr, P.B. (Ed.): Psychology at Work. Penguin, Harmondsworth 1996.

Ford, C.M./Gioia, D.A. (Eds.): Creative Action in Organizations – Ivory tower visions and real world voices. Sage Publications, London 1995.

George, J.M./Brief, A.P.: Feeling good – doing good: A conceptual analysis of the mood at work – organizational spontaneity relationship. Psychological Bulletin, 112/1992, 310–329.

Guzzo, R.A./Shea, G.P.: Group performance and intergroup relations. In: Dunnette, M.D./Hough, L.M. (Eds.): Handbook of Industrial an Organizational Psychology, Vol. 3. Consulting Psychologists Press, Palo Alto (CA) 1992.

Hackman, J.R./Oldham, G.R.: Work Redesign. Addison-Wesley, Reading (MA) 1980.

Hellriegel, D./Slocum, J.W./Woodman, R.W.: Organizational Behavior. West Publishing, St. Paul (MN) 1992.

Henry, J. (Ed.): Creative Management. Sage Publications, London 1991.

Henry, J./Walker, D. (Eds.): Managing Innovation. Sage Publications, London 1991.

HMSO: Realising our Potential: A strategy for science, technology and engineering (Cmnd, 2750). HMSO, London 1993.

Kahn, W.A.: To be fully there – psychological presence at work. Human relations, 45/1992, 321–349.

Kapleau, P.: The Three Pillars of Zen. Beacon Press, Boston 1980. (Deutsch: Die drei Pfeiler des Zen. Lehre, Übung, Erleuchtung. Scherz, Bern 1979).

King, N.: Innovation at work: the research literature. In: West, M.A./Farr, J.L. (Eds.): Innovation and Creativity at Work: Psychological and organizational strategies. Wiley, Chichester 1990.

Langer, E.J./Piper, A.I.: The prevention of mindlessness. Journal of Personality and Social Psychology, 53/1987, 280–287.

Lawthom, R./Patterson, M./West, M.A./Maitlis, S.: The Organizational Climate Indicator: Development and validation. Institute of Work Psychology, Sheffield 1996.

Lewin, K.: A Dynamic Theory of Personality. McGraw Hill, New York 1935. Deutsch: Dynamische Theorie der Persönlichkeit, Band 5. Klett-Cotta, Stuttgart o.J.

Macy, B./Izumi, H.: Organizational change, design, and work innovation: A meta-analysis of 131 North American field studies – 1961 to 1991. Research in Organizational Change and Development, Vol. 7. JAI Press, Greenwich (CT) 1993.

Markiewicz, L./West, M.A.: The Teambased Organization: A practical guide. ECITB/Grampian, Sheffield 1996.

Mohrman, S.A./Cohen, S.G./Mohrman, A.M.: Designing Team-based Organizations: New forms of knowledge work. Jossey Bass, San Francisco 1995.

Mumford, M.D./Gustafson, S.B.: Creativity syndrome: Integration, application and innovation. Psychological Bulletin, 103/1988, 27–43.

Nelson, D.L./Quick, J.C.: Organizational Behavior: Foundations, realities and challenges. West Publishing, St. Paul (MN) 1994.

Nemeth, C./Owens, P.: Making work groups more effective: The value of minority dissent. In: West, M.A. (Ed.): Handbook of Work Group Psychology. Wiley, Chichester 1996.

Nemeth, C./Staw, B.M.: The trade offs of social control and innovation in groups and organizations. In: Berkowitz, L. (Ed.): Advances in Experimental Social Psychology, Vol. 2. Academic Press, New York 1989.

Nicholson, N./West, M.A.: Managerial Job Change: Men and women in transition. Cambridge University Press, Cambridge 1988.

Noe, R.A/Hollenbeck, J.R./Gerhart, B./Wright, P.M.: Human Ressource Management: Gaining a competitive advantage. Irwin, Boston (Mass.) 1994.

Payne, R.: The effectiveness of research teams: A review. In: West, M.A./Farr, J.L. (Eds.): Innovation and Creativity at Work: Psychological and organizational strategies. Wiley, Chichester 1990.

Pillinger, T./West, M.A.: Innovation in UK Manufacturing. Institute of Work Psychology, University of Sheffield and The Centre for Economic Performance, London School of Economics an Political Science, 1995.

Quinn, R.E./Faerman, S.R./Thompson, M.P./McGrath, M.R.: Becoming a Master Manager, Wiley, Chichester 1990.

Rogers, E.M.: Diffussion of Innovations, 3rd edn. Free Press, New York 1983.

Rosenfeld, R./Servo, J.C.: Facilitating innovation in large organizations. In: West, M.A./Farr, J.L. (Eds.): Innovation and Creativity at Work: Psychological and organizational strategies. Wiley, Chichester 1990.

Slocum, J.W.: Group culture. In: Nicholson, N. (Ed.): Blackwell Encyclopaedic Dictionary of Organizational Behavior. Blackwell, Oxford 1995.

Sternberg, R.J.: The Nature of Creativity: Contemporary psychological perspectives. Cambridge University Press, Cambridge 1988.

Tushman, M.L./Moore, W.L. (Eds.): Readings in the Management of Innovation. Harper and Row, New York 1988.

Van Gundy, A.B.: Techniques of Structured Problem Solving, 2nd edn. Van Nostrand, Reinhold, New York 1988.

Wall, T.D./Jackson, R.P.: New Manufacturing Initiatives and Shopfloor Job Design. In: Howard, A. (Ed.): The Changing Nature of Work. Jossey Bass, San Francisco 1995.

West, M.A.: The Psychology of Meditation. Oxford University Press, Oxford 1987.

West, M.A.: The social psychology of innovation groups. In: West, M.A./Farr, J.L. (Eds.): Innovation and creativity at work: Psychological and organizational strategies. Wiley, Chichester 1990.

West, M.A. (Ed.): Handbook of Work Group Psychology. Wiley, Chichester 1996.

West, M.A.: Effective Teamwork. BPS Books (The British Psychological Society), Leicester 1994.

West, M.A./Altink, W.M.: Innovation in organizations. European Journal of Work and Organizational Psychology, 5:1/1996, 3–159.

West, M.A./Anderson, N.T.: Innovation in top management teams. Journal of Applied Psychology, 81:6/1996, 680–693.

West, M.A./Farr, J.L. (Eds.): Innovation and Creativity at Work: Psychological and organizational strategies. Wiley, Chichester 1990.

West, M.A./Lawthom, R./Patterson, M./Staniforth, D.: Still Far to Go: The management of UK manufacturing. University of Sheffield and The Centre for Economic Performance, London School of Economics an Political Science, 1995.

Stichwortregister

Abstimmung 137, 173
Abteilungen, kreative 182
Abwehrmechanismen 146
Achtsamkeit 48, 58, 63, 64
Aneignung 138
Ansatz 57, 68, 131, 156
Arbeit, Vielseitigkeit der 36, 123
Arbeitgeber-Arbeitnehmer-Beziehungen 103, 136
Arbeitszyklus 15, 122
Assoziieren, freies 56
Aufgabe
  Art 36
  Kongruenz 37
  Orientierung 75, 169
  Relevanz 37
Ausdauer 28
Auseinandersetzung, konstruktive 75, 98, 169
Autonomie 30, 33, 48, 82, 84, 134
Bedarf 138, 156, 178
Belohnungen 129, 176, 180, 181
Besprechungen 18, 74
Betriebsklima 83
Botschaft
  Klarheit 150
  Vermittlung 150
Brain-netting 87
Brainstorming 43, 88, 181
  klassisches 86
  negatives 91
Brainwriting Pool 87
Cattell's 16PF 34
Chancengleichheit 166, 174, 175, 176
Checkliste, kreative 26
Einfluss
  auf die Teamkreativität 70
  auf Entscheidungsprozesse 44, 73, 154, 155
  des Arbeitsumfeldes 33, 35, 37, 39
  von Minderheiten 76, 153
Einleitungsphase 136
Energie, Einbringen kreativer 52
Entlohnung 128, 140, 168, 170
Entspannung, körperliche 48, 59
Fähigkeiten, Übung 31
Fantasiereisen 48, 60
Feedback 30, 37, 43, 79, 82, 84, 126, 170, 171, 173
Finanzierung 162
Firmenkultur 111, 132, 156, 183
Forschung und Entwicklung 182
Fortbildung 56, 103, 108, 128, 129, 130, 166
Frauen am Arbeitsplatz 174, 175, 177
Gruppengespräch 162
Herausforderung 13, 17, 20, 23, 33, 36, 37, 45, 52, 82, 122, 123, 174
Ideen 13, 14, 33, 70, 77, 80, 87, 117, 161, 153, 162, 182, 183
Informationsaustausch 74, 154, 155
Innovationsteams 157
Institut für Arbeitspsychologie 117, 171, 172
Intellekt 28, 33, 66
Interaktion 19, 33, 79, 108
Interessen, persönliche 142
Interessengruppen, Analyse 158
Job-Rotation 123
Kommunikation: zwischen Abteilungen 119, 123
Komponenten, Aufstellung einzelner 88
Können, vielseitiges 36
Konsultationsprozess 143, 150, 154
Kontinuierliche Verbesserungsprogramme (KVP) 182
Koordinatensystem konkurrierender Kulturen 108
Kreativität
  Arbeitsumfeld 33, 35, 37, 39, 46
  Förderung in Teams 85, 87, 89, 91, 93, 95, 97

Kreativität
- Klima für 30, 33, 34, 35, 36, 94
- messen 34
- Techniken zur Förderung 50

Kunst 28
Leistungswille 28
Leitbild 71, 72, 168, 172
Lösungen, kreative 38, 42, 57, 59, 61, 63, 65, 67, 91
Meditation 58, 65
Mehrfachqualifikationen 122
Merkmale kreativer Menschen 27
Methoden, Kombination verschiedener 128, 156
Missverständnisse 77, 138, 143
Mitarbeiter
- Auswahl 103, 127
- Beteiligung 18, 108, 152, 164
- Beurteilung 128, 170
- Einbeziehung 44, 143, 150, 154, 157, 168
- Mitarbeiterbeurteilung 127
- Mitbestimmung 18, 143, 152, 154, 157, 168, 174, 183

Motivation 22, 28, 32, 52, 112, 122, 129, 181
Neubestimmung 137
Neuheit 140, 162
Optionen, Auswahl 44
Paradigmen 40, 51, 54, 55, 107, 174, 184
Personal-Management 15, 145, 166
Probleme, kreative Antworten 38
Problemidentifikation 136
Prozesse, interne 110
Qualität 125
Radikalität 140
Rätsel 38, 39
Reflexionsvermögen 112
Ressourcen 44, 77, 82, 83, 98, 108, 109, 126, 129, 134, 139, 145, 161, 166, 176, 180, 181
Risikobereitschaft 29, 109, 134, 180, 184
Schulung 82, 103, 110, 120, 125, 137, 157
Selbstständigkeit 33, 37, 46, 82, 124
Selbstvertrauen 23, 24, 29, 45, 46, 145
Sicherheit 31, 42, 74, 110, 142, 176
Spannungsfeldanalyse 161
Strategien 148, 150, 154, 155, 168
Strukturen 181, 182
Teamklima-Fragebogen 95
Technologien 14, 102, 121
Toleranz für Veränderung 143
Traumbilder 62
Träume 62
Umstrukturierung 18, 137
Unabhängigkeit des Urteils 29
Unklarheiten aushalten 29, 32
Unternehmen
- Größe 84
- lernende 129

Unterstützung durch die Firmenleitung 18
Venture-Teams 183
Veränderungsprozess 44, 93, 151, 161, 164, 168
Vertrauen in die eigene Kreativität 21, 22, 24, 26, 28, 30, 32, 34, 36, 38, 40, 42, 44, 46
Vielfalt 79, 98, 109, 127, 132, 134
Vier-Stufen-Modell 179
Vision 9, 68, 71, 77, 164, 177
Vorgehen: Planung 160
Vorstellung, klare 150
Wahrnehmung 32, 38, 40, 63, 112
Wettbewerbsstrategien 120
Widerstand gegen Veränderung 16, 141, 142, 143, 145, 159
- Überwindung 44, 73, 76, 93

Zentralisierung von Entscheidungen 118
Ziele 85
Zielvorgaben 57, 93, 128, 170, 171, 173
Zusammenarbeit, funktionsübergreifende 122, 169
Zwang 157

Bildnachweis

Michael Ammann/Baaske Cartoons: S. 41
Johannes Borer/Baaske Cartoons: S. 55
Karl-Heinz Brecheis/Baaske Cartoons: S. 6, 84, 135
Etienne/Baaske Cartoons: S. 5, 6, 9, 165
Martin Guhl/Baaske Cartoons: S. 5, 33, 47
Oswald Huber/Baaske Cartoons: S. 83, 125
Mathias Hütter/Baaske Cartoons: S. 17
Erik Liebermann/Baaske Cartoons: S. 3, 5, 21, 76, 112, 119, 175
Ulrike Rath: Logos in den Randspalten
Lothar Schneider/Baaske Cartoons: S. 6, 99, 121
Jan Tomaschoff/Baaske Cartoons: S. 13
Heinz Wildi/Baaske Cartoons: S. 5, 69, 73, 155